庭から変える地球の未来

イワクラの思想を取り戻す

眞鍋 綾

新潮社
図書編集室

対象ではなく、権力の象徴として扱われることが多くなった。現代の庭では石に明確な意味はなく、庭を構成する景物の一つに過ぎないように見える。現代はホテルにもマンションにも日本庭園らしきものをよく見るが、依頼主も作庭者も庭を通して何を訴えたいのか深く考えず、過去の形式をなぞるか、組み合わせるか、あるいは新奇な造形を追っているだけのように見える。それは「庭とは何か」ということを、身を切るような思いで考えていないからではないだろうか。

環境問題が深刻化する一方の今、庭に込められた日本人の思想をたどり、自然への畏敬の念を取り戻したい。それが本書を書いた動機である。第一章で現代に残るイワクラを、第二章でイワクラの思想を受け継ぐ芸術家たちを、第三章で美の創造に特に意を注いだ庭を、第四章で時代相を反映した石と庭を取り上げ、日本人が庭に込めた思いを探る。そして第五章で未来の庭の姿を展望したい。

目次

第三章　美の世界の主宰者たち

第四章　時代を映す石と庭

カバー写真撮影　著者
装幀　新潮社装幀室

庭から変える地球の未来

イワクラの思想を取り戻す

第一章　イワクラ　神々が宿るところ

現代に残るイワクラから、その本質と現代への示唆を探る。

大神神社　奥津磐座　永遠のモダンの源

なぜ太古の人間は自然を崇拝していたのか。それは自然の働きが、人間の生死に直結していたからだ。自然は地震や台風、津波などの災害によって人間の命を奪う一方で、大気、水、土、日光、そして作物の実りによって人間の命を養う。自然が人間の生死の手綱を握っているからこそ、人間は自然を「神」として祈り、祀ることによって生きながらえようとしてきた。そうした自然崇拝の形を知ることができるのが、今も神社などに残るイワクラ（磐座）である。イワクラとは祭祀の時に神を招く巨石や岩のこと、あるいはそれ自体を「ご神体」としたものだ。

奈良県桜井市に三輪山《みわやま》がある。ふもとにある大神神社《おおみわ》は、三輪山そのものをご神体とする神社だ。神社に拝殿はあるが、祭神を祀った本殿はない。拝殿を通して、三輪山そのものを拝するのである。

なぜ三輪山が神として崇拝されたのか。それはヤマトタケルが「大和は国のまほろば　たたなづく青垣　山こもれる　大和しうるはし」とその美しさを讃えた奈良盆地の山々の中でも、端正な円錐形の山容を見せる三輪山が、ひときわ美しく人間の目に映ったからではないだろうか。より美しいものを人間は求め、そこに神の存在を強く感じるのだ。

三輪山と大神神社大鳥居（写真提供：大神神社）

その三輪山には、多くのイワクラがある。主なものは、頂上から順に奥津磐座《おきついわくら》、中津磐座《なかついわくら》、辺津磐座《へついわくら》と呼ばれている。ご神体である三輪山に、なぜさらに神を招くイワクラがあるのだろうか。

その秘密を解くために、大神神社が登場する三島由紀夫の小説『豊饒の海』第二巻『奔馬』を読んでみたい。なお、奥津磐座は小説の中では沖津磐座と表記されている。

> 沖津磐座は崖道の上に突然あらわれた。
> 難破した巨船の残骸のような、不定形の、あるいは尖り、あるいは裂けた巨石の群が、張りめぐらした七五三縄の中に蟠《わだかま》っていた。太古から、この何かあるべき姿に反した石の一群が、並の事物の秩序のうちには決して組み込まれない形で、怖ろしいような純潔な乱雑さで放り出されていたのである。
> 石は石と組み打ち、組み打ったまま倒れて裂けていた。別の石は、平坦すぎる斜面をひろびろとさしのべていた。すべてが神の静かな御座《おまし》というよりは、戦いのあと、それよりも信じがたいような恐怖のあとを思わせ、神が一度坐られたあとでは、地上の事物はこんな風に変貌するのではないかと思われた。
>
> （三島由紀夫『豊饒の海』（二）『奔馬』より）

三輪山のイワクラは、他の場所から石が運ばれ、人為的に構築されたものだという。なぜ重機もない太古の時代に、そんな大変なことをしたのだろうか。それは祭祀に同席する人々に、より強く神の存在を感じさせ、自然への畏敬の念を深めさせるためだったのではないか。イワクラとはそういうものであることを、三島のこの強烈な描写が雄弁に物語っていると思う。

三輪山はかつて禁足地だった。現在は神社の許可をとって登拝《とはい》することができるが、奥津磐座は撮影禁止である。他の二つも同様だ。それによって、私は先入観を持たずに奥津磐座を拝することができた。たくさんの巨石が組み合わさる様は、現代美術のインスタレーションのようだった。三島の文章から想像していたものとは違う、予想外の印象だった。

眺めているうちに、「これは庭の石組みの原形だ」と思った。おそらく日本で最も古い石組み。しかも、これまで見てきたどの石組みよりも壮大な。この壮大さに、太古の日本人は自分たちを超える大いなる存在への畏敬の念を込めたのではないだろうか。

壮大であるとともに、奥津磐座はとてもモダンだった。古庭園に時代を超えた新しさを見出し、それを「永遠のモダン」と名づけて作庭の指針としたのは昭和の作庭家、重森《しげもり》三玲《みれい》である。永遠のモダンはすでに三輪山にあった。撮影禁止のために写真がないので、このモダンさが知られていないだけなのだ。

日本人は太古の昔からモダンだった。そして、モダンつまり永遠に古びない美の創造は、神への信仰から始まったのだといえるのではないだろうか。

※三輪山への登山を「登拝《とはい》」という。

神倉神社　天ノ磐盾　神々が降り立った巨石

紀伊半島の南端に位置する熊野は、紀伊山地を背にして太平洋に面している。海も山も川もある熊野だが、いつも圧倒されるのは山である。熊野三千六百峰と称されるとおり、延々と続く緑濃い山々。その緑の山々は、京都の「山紫水明」、奈良の「たたなづく青垣」とは違う、むせかえるような野趣にあふれ、人間など一息に呑み込まれるような、あるいは一瞬で打ち払われるような力強さに満ちている。

その圧倒的な大自然に、太古の日本人は神を見た。和歌山県新宮市の神倉山にある神倉神社は、世界遺産の熊野速玉大社の摂社で、熊野の神々はまずこの山上の天ノ磐盾《あまのいわたて》またはゴトビキ岩と呼ばれている巨石に降臨されたという。

天ノ磐盾は、神倉山のふもとから急峻な石段を五百段あまり登った先にある。すぐ社殿があり、社殿に接して天ノ磐盾がある。せり出してくる巨石を、小さな赤い社殿が押さえているようにも見える。社殿という人工物がなければ、巨石という大自然に圧倒されて、すぐさま立ち去りたいような迫力だ。それは百三十三メートルの大滝がそのままご神体である熊野の「那智の大瀧」同様、自然すなわち神であるという熊野の本質を示すものだろう。

初めて神倉山に登った時、社殿に参拝をすませたあと、石段の上で思い切って振り返った。

天ノ磐盾（写真提供：熊野速玉大社）

季節は夏、時刻は正午前だった。空の中央に太陽が目を射るように強く輝いていた。その光は白く、まさに「白日」だった。その下に熊野灘が、果てを見せずに広がっていた。この上なく明るく美しいが、この上なく怖かった。足元は石段の幅しかない。身のまわりに寄りかかるものはない。目前の景色は確かに絶景だが、一方で、白日の中にわが身が抹消されていくような感覚に陥った。自然すなわち神とは美しくて凄まじいものだと、これほどわからせてくれる場所はなかった。太古の日本人も、きっとこの絶景に魅せられ、同時に怖れを感じたに違いない。だからこそイワクラとして、この巨石を崇めたのだ。

出雲・稲佐の浜の弁天島　神々が寄り来る岩山

稲佐の浜は出雲大社の西方約一キロ先にある。初めて稲佐の浜に行った時、その清らかな美しさに思わず涙ぐみそうになった。「なにごとの　おわしますかは知らねども　かたじけなさに涙こぼるる」と西行が歌を詠んだのは伊勢神宮でのことだったが、この歌を連想させる景色だった。

稲佐の浜には、弁天島と呼ばれる岩山がある。かつて海の中にあったが、いつの間にか浜と地続きになったという。その弁天島には小さな鳥居が据えられている。どういうわけだろうか。日本の旧暦では、十二の月にそれぞれ異なる呼び方があった。十月は神無月《かんなづき》という。日本中の神々が出雲に集まり、神々がいなくなるからという説に基づいている。逆に出雲では旧暦十月を神在月《かみありづき》と呼ぶ。神々は稲佐の浜から出雲に入るとされ、その時神々が目印にするのが、この弁天島だという。

旧暦十月十日にあたる日、稲佐の浜で出雲大社の神官たちが神々をお迎えし、「神迎の道」を通って出雲大社へ向かう。出雲大社では翌十一日から七日間、議《はか》り事《ごと》を行う神々のお世話をする。七日の間にさまざまな神事が執り行われ、一般人も参列する。稲佐の浜での神迎神事でも、何千人という人々が浜を埋め尽くすという。出雲という地は神在月を中心にして、神々へ

稲佐の浜の弁天島（著者撮影）

の信仰が絶えず更新されているようだ。

稲佐の浜で驚いたことは、ゴミが見当たらなかったことだ。日本で浜辺といえばゴミが散乱している様子を連想してしまうのだが、稲佐の浜は本当に清らかだった。それは、神々に仕える出雲大社の神官たちの真摯さもさることながら、神々の存在を信じる出雲の人々の心の清らかさを表しているように思う。神を信じる気持ちが、自然環境を美しく保つことにつながっているのではないだろうか。

越木岩神社　甑岩　人間の末路を伝える岩

越木岩神社は兵庫県西宮市甑岩町にある。ご神体の甑岩《こしき》は、その形が酒米を蒸す甑に似ているところからこの名がついた。

甑岩は高さ十メートル、周囲四十メートルという巨大なものだ。神社の周囲は天然記念物の森におおわれ、このあたりには他にもイワクラが多数存在するという。

この甑岩には奇妙な伝説が残されている。約四百年前の大坂城築城の折、石垣に用いる石として、石工たちが村人が止めるのも聞かずに岩から石を切り出そうとした。その時、岩が「鶏鳴」し、白い煙が噴き出し、石工たちは石とともに倒れ伏し、どうしても石を運び出せなかったという。甑岩には今もノミの跡と、石の切り出しを命じた大名の刻印が残り、神社の境内には切り出されたまま放置されたという石が残っている。

この伝説は何を意味しているのだろうか。

城の石垣とは、城という建造物に必要なものだが、同時に城主の権威を見せつけるものである。その石垣のために、信仰の対象である岩を傷つけて利用しようとした。この行為は、地球環境を傷つけて利用しながら繁栄を享受してきた現代人の行為と同じではないだろうか。

そして鶏鳴、つまり悲鳴を上げた岩や、切り出した石とともに倒れ伏した石工たちの姿は、

甑岩（写真提供：越木岩神社）

傷つけられて悲鳴を上げている地球環境と、地球環境を傷つけてきた報いともいえる近年の自然災害に苦しむ私たちの姿だ。自然に対する畏敬の念を失って私欲に走る人間の末路を、この伝説は教えているようにも思えるのである。

第二章

イワクラの思想の継承者たち

その作品にイワクラの思想が感じられる芸術家たちがいる。イワクラの思想から彼らの芸術を読み解く。

夢窓疎石　自然と一体となった禅僧

京都・嵐山に天龍寺という禅寺がある。

庫裏《くり》から大方丈へ移る時、建物の間から明るい庭の一部が目に入る。いつもこの時、ハッとする。美しい人の姿を垣間見たように、胸がときめくのである。

ある年の夏に見た庭では、白砂が日の光に輝き、池はきらめき、庭の緑は背後の山々につながり、視線はそのまま紺碧の空に解き放たれていった。周囲の参拝者から庭の美しさを口々に讃える声が聞こえてくる。大方丈の縁側に座って庭を眺める人、苑路を歩く人、みな幸せそうである。それは美しいものに触れているからだ。

同じ年の冬、西芳寺へ行った。二度目である。一度目は上段の枯山水の庭に魅かれたが、今は非公開となっており、下段の苔の庭だけを見た。庭の入口から足を踏み入れた途端、目の前には水と木々と木漏れ日、そして苔が織りなす別世界が広がっていた。

天龍寺の庭は背後の山々を介して空まで続いていたが、西芳寺の庭は木々で空から遮られ、日の当たらない湿った空気に包まれた、秘密めいた庭だった。わずかな木漏れ日に照らされた木々と苔は、緑色でありながら、控えめな黄金色に輝いていた。まるで自らのうちに黄金を秘めているかのように。空の色を映さない暗い池は、木漏れ日が差す時だけ光と影が艶めかしくゆらめいた。

ＵＡという歌手の『黄金の緑』という曲がある。地球上の自然のこの上ない尊さを、「黄金の緑」という一言で表現した曲だと思う。西芳寺の下段の庭では、水や木や苔という自然が、その無上の尊さを、黄金色の輝きで、だがあくまでも慎ましやかに、見せてくれているような気がする。

時おり小雨が降り、潤いに満ちた空気の中で人々は庭の美しさに浸り、静かに興奮していた。

これらの庭をつくったのは、夢窓疎石《むそうそせき》という中世の禅僧である。悟りを得るために日本各地に師を求め、また各地の大自然の中に庵を結び修行した人だった。悟りを得たのちは、その指導を受けたいという鎌倉幕府の招きや僧たちの来訪が絶えなかったが、すべてを退けて、自分の気に入った景勝地で暮らす生活を続けていた。だが五十歳を過ぎた時、ついに時の天皇、後醍醐天皇に招かれた。相手が天皇であっても夢窓は固辞したが、度重なる招きを受けて京都に赴くこととなった。

時代は乱世だった。ほどなく鎌倉幕府は滅亡、天皇親政を目指した後醍醐天皇の「建武の新政」は三年で破綻、足利尊氏が征夷大将軍となり再び武士が政権を握り、さらに二人の天皇が並び立つ南北朝時代に突入した。

夢窓はこの乱世の中で、常に時の権力者から求められた。鎌倉幕府、後醍醐天皇、足利尊氏、弟の足利直義、さらに南北朝双方の天皇も、夢窓の教えを乞うた。権力者が夢窓を離さなかった。

こうして夢窓は大自然の中の庵ではなく、権力者の近くに住むことになった。そして自分が住む寺、あるいは開山となった寺に、庭をつくるようになった。それはなぜか。権力者は夢窓を離さなかったが、夢窓は「自然」を離さなかったのではないだろうか。

夢窓のつくった庭は、なぜこんなに美しいのか。それは、自然の中で自然によって悟りを得た人が、自然の本質を知り尽くし、その上で庭をつくっていたからではないか。夢窓が庵を結んだ場所は、海なら海、山なら山、川なら川というそれぞれの特色が、鮮やかに発揮されている場所であるという。そこで暮らしながら、自然の本質を見極める眼を持ち得たのではないかと思う。

前身は天皇家の離宮であった天龍寺は、その庭も王朝的な優雅さを漂わせ、訪れる人を幸福な気持ちにさせる。だが庭の中央奥には龍門瀑（中国の故事「鯉の滝登り」にちなむ石組み）があり、その石組みの峻厳さが、王朝的優雅さを引き締めている。また西芳寺は、上段の枯山水の庭と下段の苔の庭とでは雰囲気がまったく異なる。苔の庭は慎ましやかに美しいが、枯山水の庭は、川端康成が「精神の量感にふれて苦しいようである」、また立原正秋が「壮絶そのもの」とそれぞれ小説の中で書いたように、その石組みは徹底して厳しい。

天龍寺　龍門瀑（写真提供：天龍寺）

西芳寺　上段の庭（現在は非公開）（著者撮影）

夢窓の庭には美しさと凄まじさの両方がある。それは生と死の両方を人間に与える自然の本質だ。ここに私はイワクラの思想をみる。

夢窓は七十七歳で亡くなった。病に伏した時、朝廷は侍医に診療させようとしたが、夢窓は「老病は自然なり。医薬の救う所に非ず」と辞退したという。自然とは移ろうものだ。自然の本質を見極めていた人が、延命を望むはずもないだろう。夢窓は自然と一体となっていたのだと思う。

自然の本質を捉えた夢窓の庭だが、もう一つ、重要な思想が込められている。それは乱世を生きた人だからこその思想、平和への願いだ。

それは章を改めることにしたい。

雪舟　岩に魅せられた画僧

雪舟は室町時代の画僧であるが、庭もつくったとされる。特に中国地方には「雪舟作」と伝わる庭が多い。その一つが島根県益田市の萬福寺の庭である。

初めて萬福寺を訪れた時、玄関の衝立のガラスに庭の石組みが映っていた。それを見た瞬間に「すごい」と思った。理屈抜きの衝撃だった。

季節は夏で、よく晴れていた。須弥山《しゅみせん》を表現したという石組みは、記憶の中では黄色味を帯びた白だった。案内をしてくださった女性が「アンコールワットのようだという人もいます」といわれた。確かに石組みには、東南アジアの寺院のような、開放的な厳《おごそ》かさがあった。同時に、夏の日差しのせいかもしれないが、乾き切った、突き抜けた感じがあった。

雪舟は備中国（岡山県）の出身、京都へ出て東福寺、相国寺で修行、しかし京都では当時流行の繊細な画風と合わず、僧としても高位に上れずにいた。そんな時、周防国（山口県）を治めていた大内氏に招かれ、京都をあとにする。心中には「都落ち」という気持ちがあったかもしれない。しかし雪舟は大内氏のもとで、京都にいたままではつかめないようなチャンスをつかんだ。中国と交易していた大内氏の船で中国大陸へ渡ったのである。

萬福寺の庭（写真提供：ピクスタ）

この渡航が雪舟を変えた。絵でしか見たことがなかった中国大陸の自然を目の当たりにして、「風景こそが最大の師である」と悟った。雪舟は中国で「自然」に出合ったのだ。帰国後、雪舟はそれまで自分を縛っていた鎖から解き放たれたように、描きたい絵を描き始めた。

雪舟の絵の特徴の一つは、紙を突き破らんばかりに力強い、岩である。雪舟晩年の「慧可断《えかだん》臂図《ぴず》」という絵がある。達磨が岩壁に向かって座禅している。「面壁九年」という長い座禅の最中である。達磨の背後には弟子入りを切望する僧の慧可がいる。慧可は決意の固さを示すために自分の左腕を切り落とし、切った左腕を達磨に見せている。左腕の切り口にはうっすらと血がにじんでいる。

だがこの絵の主役はこの二人だろうか。この絵で最も力を込めて描かれているのは、二人の頭上から足元まで二人を取り巻くように描かれている、岩ではないか。岩には黒々とした洞《うろ》がある。私にはそれが、二人の人間を見ている神仏の目に見える。

画面を支配するように描かれた岩の下で、人間が悟りを得るために足が腐るほど座り続けようと、自分で自分の腕を切り落とそうと、岩にとってはどうでもよい。ただ眺めているだけである。人間がどんな思い切ったことをしようと、自然にとっては痛くもかゆくもない。雪舟のそんな声が聞こえる。これこそイワクラの思想である。

私が萬福寺の庭から受けた衝撃は、雪舟のこの極まった自然観から来ているのではないかと思う。なぜ雪舟は庭をつくったのか。絵で描くだけでは足りず、実際に岩を使って、自分の自然観を立体化したかったのではないか。その容赦ない極まり方が、「すごい」と私に思わせたのだ。

雪舟作と伝わる庭に、雪舟が本当につくったかどうかの確証はないという。ないけれども、これほどの庭をつくることができた人間、すなわち、これほど透徹した目で自然を見ることができた人間が、同じ時代にそう何人もいただろうか。

中国から帰国後、雪舟は自分の画房に「天開図画楼《てんかいとがろう》」と名づけた。この名に、雪舟の自然への思いが凝縮されているように思う。雪舟より百五十年ほど前を生きた禅僧、夢窓疎石の伝記『夢窓国師年譜』に、自然の絶景を「天、図画を開くの幽致なり」と表現した言葉がある。おそらく雪舟は、これを読んでいたのではないか。天が自ら描いたような自然の中で、天と一体となって絵を描く。自分の絵筆の先から出てくるのは、天すなわち自然そのものであるという思いだったのではないか。

雪舟は九十歳近い長寿を生き、のちに「画聖」と呼ばれるようになった。中国で自然の本質をつかみ、おのれの血肉とすることができたからこそ、名声は不動のものとなったのではないだろうか。

細川高国　荒魂の庭をつくった武将

澁澤龍彦の著作の中に「朽木《くつき》にすこぶるおもしろい庭がある」という一文があった。この一文に魅かれて、ある年の冬、滋賀県高島市の朽木に向かった。

大阪から京都を経て鯖街道に入り、たどり着いた興聖寺《こうしょうじ》という寺に、その庭はあった。石組みの中心をなす大きな石の前に立った時、心臓を突かれるような衝撃を受けた。それは悲劇的な印象を残す衝撃だった。

庭の入口の立札には「足利庭園」と書かれていた。室町幕府十二代将軍・足利義晴が、三好氏との政争から逃れるため朽木に来た折、幕府管領・細川高国が将軍を慰めるためにつくったという。細川高国。この名と、庭から受けた衝撃を心に刻んで帰途についた。

朽木の庭の「悲劇的な衝撃」の理由は、ほどなくわかった。京都で開かれた展覧会で、ベラスケスが描いたスペイン・ハプスブルク家の皇太子の肖像画を見た時、朽木の庭と同じ衝撃を受けたのである。

絵に描かれた皇太子フェリペ・プロスペロは二歳である。小さな青白い顔、椅子の背に力なく置かれた小さな白い手、さらに椅子のひじ掛けに小さな顎をのせた白い子犬まで、皇太子の命のはかなさを描いて余すところがない。王家の期待を一身に背負ったこの幼な子は、四歳になる前に亡くなった。
スペイン・ハプスブルク家は血族結婚を繰り返し、生まれてくる子は短命だった。皇太子の逝去後に誕生したカルロス二世は、成人はしたが三十九歳で亡くなり子供はおらず、スペイン・ハプスブルク家は断絶した。宮廷画家ベラスケスは二百年近く続いた王家の滅亡の予兆を、その筆で的確に捉えていた。
足利庭園——旧秀隣寺庭園ともいう——は室町幕府十二代将軍・義晴のためにつくられた。室町幕府も義晴の子の十五代将軍・義昭を最後に滅亡する。細川高国は幕府の滅亡の予兆を、庭という芸術で捉えていた。日本の庭とスペインの絵から受けた悲劇的印象は、一つの権力の滅亡の予兆だったのだ。

では、この庭をつくった細川高国とはどのような人物か。

細川高国は文明十六年(一四八四)、細川家庶流の野州家に生まれ、延徳二年(一四九〇)、細川家嫡流で室町幕府管領の細川政元の養子となった。政元は妻帯せず、子がなかったからである。が、政元の母親が猛反対し、高国はいったん野州家に戻された。政元は次に、公家の九条家から養子を迎えたが、それを快く思わない細川家家臣が、阿波細川家から養子を迎えたいと考え、政元に対して挙兵した。ここから足利将軍家、細川家嫡流、さらに阿波細川家に仕える三好氏らも交えての複雑な政争が始まった。

政争の中で政元は暗殺され、公家から迎えた養子は自害させられ、阿波細川家から来た養子は阿波へ追い落とされた。政争に勝利したのは、いったん養子を解消された高国だった。

幕府管領となった高国は、時の将軍との対立や、三好氏らとの度重なる戦いなどを経て、十二代将軍に年少の足利義晴を擁立、実質的な最高権力者となった。犬追物《いぬおうもの》という弓術を得意とし、蹴鞠や和歌を好み、公家たちと親しくつきあっていた高国は、当時の最高の文化人とされた公家の三条西実隆の日記『実隆公記《さねたかこうき》』にも頻繁に登場している。

高国は四十二歳で出家、家督を息子に譲った。この頃、現存最古の『洛中洛外図屏風』（歴博甲本）を発注したという（諸説あり）。屏風には幕府の御所に劣らず広大な細川邸が描かれ、邸には池泉回遊式の豪壮な庭があり、その庭を眺めるように高国らしき人物が座っている。

だが、高国の絶頂期は長くは続かなかった。家督を譲った息子が急死したのである。陰陽師の呪詛によるという説もある。さらに、高国は身内の人間の讒言《ざんげん》を信じて重臣の一人を自害させてしまう。そこから、収まっていた政争に再び火がついた。かつて高国が阿波に追い落とした阿波細川家出身の養子は亡くなっていたが、その息子が成長し、彼を中心とした勢力が攻めてきたのである。高国は将軍義晴とともに京都から朽木に逃れ、各地の大名に支援を求める高国の流浪が始まった。

支援を求めた先々で、高国は庭をつくった。それは求められてのことなのか、自らつくった

紙本著色洛中洛外図屏風（歴博甲本）左隻第３扇中下（部分）
（国立歴史民俗博物館所蔵）

旧秀隣寺庭園（平成二十四年〔二〇一二〕著者撮影）

のかはわからない。あるいは支援を得るために、庭という「美」を提供したのかもしれない。将軍義晴のために作庭した旧秀隣寺庭園、娘婿であった北畠晴具《はるとも》の館で作庭した三重県美杉町の北畠氏館跡庭園、また、高国の作とは伝えられていないが、支援を求めた先の越前・朝倉孝景の領地、福井県一乗谷に残る朝倉氏館跡庭園の中に、作風のよく似た湯殿跡庭園がある（福井県には他に、平泉寺白山神社に高国の作と伝わる旧玄成院庭園がある）。

　高国作と伝わっている旧秀隣寺庭園、北畠氏館跡庭園に共通するのは、これ以上ないほど緊密に組まれた石組みの見事さだ。どの角度から見ても、様になっているのである。高国の美的感覚の鋭さは、『等伯画説』（長谷川等伯の画論）の中に「常観云わく、狩野元信について云わく、我を折って墨を相阿に問えと」とあることからもうかがえる（常観〔常恒とも書く〕とは高国の出家後の名の一つ）。

　そして高国の庭から最も強く感じるのは、禅寺の枯山水とは別種の、苛烈なまでの厳しさである。それは、人を殺して生きる運命《さだめ》を背負った武士なればこその厳しさだ。

　日本における「戦国」という言葉は、ある公家が、細川家を中心とした政争を中国の春秋戦国時代になぞらえて評した言葉、「戦国の世の時の如し」から使われ始めたという。その戦国の始まりの時代をつくった当事者の一人が、高国だった。高国の庭の貴重さは、時代をつくっていた当事者が、その時代の空気を映し込んだ庭を自らつくったということ、すなわち、高国は権力者であるとともに美の創造者であったということだ。

諸国流浪の末、播磨の浦上村宗の支援を得た高国は畿内へ攻め込み、いくつか戦勝はあげたが結局味方の裏切りに遭い大敗、享禄四年（一五三一）六月、尼崎で捕らえられ、自害させられた。享年四八歳。三条西実隆は『実隆公記』の中で高国の死を「言語道断」と記した。

高国は親しい人々へ辞世の和歌を残した。その中の一首に、庭をつくり続けた高国の本領が表れている。

繪に寫し石をつくりし海山を後の世までもめかれすそ見ん

（『細川両家記』より）

「絵に描き写し庭に石組みとしてつくった海山を後世までも決して目を離さずに見ていよう」。海山とは自然のことだ。『洛中洛外図屏風』に描かせた細川邸の豪華な庭を見ても、血にまみれた政争に明け暮れる人生の中で、高国は自然を求め続けたのだと思う。

妙心寺塔頭の東林院には、高国の肖像画が残されている。出家した後の姿で、死後の法要に際して描かれたものだという。伝狩野元信筆、とされている。

肖像画には高国が帰依した禅僧、大休宗休の賛がある。賛の最後に、高国の人品を評した「意氣凛乎烈日秋霜」という言葉がある。「意氣凛乎」とは気構えが勇ましくりりしい様、「烈日秋霜」とは夏の強い日差しと秋の冷たい霜のような厳しさをいう。高国の庭が持つ苛烈なま

伝狩野元信筆「細川高国像」（東林院所蔵）
（写真提供：京都国立博物館）

での厳しさは、戦国の世をつくり出した武士としての激しい境涯もさることながら、高国の本来の気性にも由来するのではないか。

それは、自然というものが持つ人間を畏怖させる面、すなわち「荒魂《あらみたま》」に通じるものではないだろうか。荒々しい自然、荒魂を写し取った庭を高国はつくり続けた。特に、北畠氏館跡庭園の須弥山を模した石組みの中心となっている巨石に、荒魂そのものを感じる。

高国は生まれながらの武士だった。戦いの中で命を燃やし、戦いの中で果てた。そして、命の際《きわ》で庭をつくり続けた。旧秀隣寺庭園の悲劇的印象は、室町幕府滅亡の予兆だけでなく、高国自身の滅亡の予兆だったのかもしれない。

だが、この激しい境涯がなければ、これらの庭は生まれなかった。細川高国の庭は、常に身のそばに「死」という刃が迫っている武士の、生き様の壮絶さを教えてくれる庭だ。その迫力は五百年の時を超えてなお、他の追随を許さない。

北畠氏館跡庭園（著者撮影）

龍安寺石庭の作者　宇宙の真理を作庭した人

京都・龍安寺の石庭は、何度見てもわからなかった。おそらく世界で最も有名な庭だろうが、有名なものを実際に見る行為は写真で見たものを確認するようなもので、ほうき目の入った砂地に石が適当に置かれているとしか思えない単純な構成からは、何も読み取れなかった。だが、ある美術番組で彫刻家イサム・ノグチが龍安寺石庭について語った言葉を聞き、彼の晩年の作品を見た時、この庭が突然、わかったのである。

ノグチは龍安寺石庭を「宇宙につながる存在」と見ていたという。「岩が大地から生えているような重量感を感じる」と。その言葉を聞いたあと、彼の作品『フロアーロック（床石）』を見た。見た瞬間、「これは龍安寺の石庭の石だ」と、天啓のようにひらめいた。

それまで私は庭に対して、庭がつくられた時代の歴史的背景や、作庭者の心象を読み取ろうとしていた。龍安寺の石庭からはそういうことは何も感じられなかったので、永遠の謎のような庭だと思っていた。

しかし、ノグチの言葉と作品でようやくわかった。龍安寺の石庭の石は、ただの石なのだ。宇宙に存在しているだけの、ただの石。それが絶妙なバランスで置かれているだけのこと。それは、森羅万象が絶妙なバランスで存在している宇宙そのものだ。だからこそ、この庭は永遠

龍安寺石庭の石（著者撮影）

なのだ。

またある時、新聞で福原信三《しんぞう》（資生堂初代社長）が撮影した、ラフカディオ・ハーン（小泉八雲）旧居の階段の写真を見た。階段と白壁と、そこに差す柔らかな日の光が写されていた。どこにでもありそうな何気ない、しかし見る者の琴線に触れる、永遠を感じさせる写真だった。

そこに福原のこんな言葉が紹介されていた。

「平凡の、最も広く深き無限の興趣を味わうこと」

この言葉を読んだとたん、イタリアの画家モランディを思い出した。卓上の瓶を描き続けた画家だ。画中の瓶の、静かでありながら確かなたたずまい。モノが存在するということのありがたさを感じさせて、泣きたくなる。モランディの絵は、モノが存在するということは宇宙の神秘なのだと教えてくれる。


石庭の作者や作庭時期は、はっきりしていない。そのため昔から論争が絶えなかった。しかしそんなことは、どうでもよいのではないか。

この庭を、私たちはしっかりと嚙みしめるように味わえばよいのだ。それによって私たちは、宇宙が存在することの不思議さと、ありがたさを知る。それが自然を尊ぶ心につながっていくのではないだろうか。そしてそれがイワクラの思想である。

龍安寺石庭（著者撮影）

後水尾院　国見の庭をつくった帝王

山水の風景などご覧なられ候て、御気を点ぜられたくおぼしめし候

山水（自然）の風景を見て、気持ちを生き生きさせたい。ある手紙の一節である。この手紙を書いたのは後水尾《ごみずのお》上皇（後水尾院）である。自分に対して敬語を使うのは、天皇や上皇に許された文体だという。この手紙をしたためた頃、後水尾院は還暦を越え、将来を嘱望していた息子の天皇に先立たれ、失意の中にあった。次の天皇はまだ若く、自分が後見をする必要がある。沈みがちな気持ちを奮い立たせるために望んだのは、御幸《ごこう》の自由だった。御幸とは上皇や法皇、女院が外出することである。この手紙は後水尾院から徳川幕府大老・酒井忠勝に宛てられたものだ。

戦国時代を終わらせた徳川幕府は、泰平の世を盤石のものにするため、さまざまな法度（法令）を制定して、朝廷や公家、大名の行動を統制し始めた。何をするにも幕府の許可が必要な時代が始まったのである。

後水尾天皇はちょうどその頃即位した。すでに寵愛する女性との間に子があったが、幕府は将軍の娘との結婚を強引に進め、愛する女性は宮中から追放された。幕府の干渉は他にもあっ

修学院離宮　上御茶屋　隣雲亭からの眺望（写真提供：ピクスタ）

た。よく知られるのが紫衣《しえ》事件である。天皇から高位の僧へ紫衣着用を許可する習わしがあったが、幕府はそれにも制限を加えた。抗議した僧たちは流罪となり、天皇の許可は無効となった。そんなことが度重なり、後水尾天皇は突然譲位を敢行し、上皇すなわち後水尾院となった。以後、後水尾院は宮中で活発に文化的行事を主宰し、王朝文化復興の中心となっていく。のちに寛永文化と名づけられた、朝廷と上層町衆を中心とした文化の隆盛が始まる。その背後には、後水尾天皇の妃となった将軍の娘、徳川和子（のちの東福門院）を介した、幕府の経済力があった。

冒頭にあげた手紙を出したあと、後水尾院は修学院の地に山荘の造営を始めた。現在の修学院離宮である。御茶屋と呼ばれる建物と、庭、山、池、そして田畑からなる離宮であった。

誰が見ても感じるのは、この離宮の驚くべき広さだろう。総面積は五十四万平方メートルを超え、比叡山の山麓に位置する高低差を生かし、目に見えるすべての山が借景となり、京都の町が一望のもとにある。桂離宮の約三十年後につくられ、後水尾院は桂も参考にしたというが、閉じられた美の世界である桂と違って、ここに感じるのは、天皇の位にあった男の視野の壮大さである。

目を引くものに田畑がある。田畑は今も耕作が行われ、稲が稔る。田畑から連想されるのは、万葉集にある舒明天皇の「国見《くにみ》」の歌だ。

国見とは、統治者が山など高い所に登って、自分が統治する国土の様子や民の暮らしぶりを見ることである。そして国見の歌とは、統治者が見た国土の様子を歌に詠み、寿《ことほ》ぐことによって、神に感謝し、国土がより豊かになることを願う歌である。

舒明天皇の歌は、こんなふうに詠まれている。

天皇の、香具山に登りて望国したまひし時の御製歌
大和には　群山あれど　とりよろふ　天の香具山
登り立ち　国見をすれば　国原は　煙立ち立つ
海原は　鷗立ち立つ　うまし国そ　蜻蛉島
大和の国は
（大和にはたくさんの山があるが　とりわけ立派な天の香具山
その山に登って大和の国を見渡せば　広い国土には民が飯を炊く煙が立ち
池には水鳥が飛び交っている　美しい国だ　この蜻蛉島　大和の国は）

香具山に登って自分が統治する大和の国を見下ろしている古代の天皇の姿と、天皇の眼下に広がる雄大な自然が目に浮かぶ。大自然とその中で生きる人間の両方を寿ぎ、神に感謝している姿だ。

修学院離宮の田畑（著者撮影）

修学院離宮の大刈込（著者撮影）

それと同じように、京都の山々と町を一望にすることができ、田畑を耕作する民までいることの庭は、後水尾院の「国見の庭」ではないだろうか。

もう一つ、庭を見る者の眼を驚かせるのは大刈込である。常緑樹を混植し、その上部を刈り込んだものだが、その壮大さに圧倒される。この大刈込の力強い緑とおおらかな量感は、後水尾院と同時代の画家、俵屋宗達の『蔦の細道図屏風』に描かれた、濃緑に彩られた山々を思い出させる。

修学院離宮とは、後水尾院という王朝文化の真髄を受け継ぐ存在と、幕府の経済力、さらに当時最先端の美的感覚が融合したもの、言ってみれば古代の「国見の心」が千年の時を経て洗練されて現れ出たものではないだろうか。そして「国見の心」とは、自然に対する畏敬の念、すなわちイワクラの思想である。

晩年、後水尾院は修学院離宮への御幸を繰り返し、八十五年の長寿を生きた。長寿の記録は昭和天皇まで破られなかったという。修学院離宮の「山水の風景」が、望みどおり、後水尾院に生気を与えたのだろう。

修学院離宮は参観申込をすれば誰でも見ることができる。現代を生きる私たちも、後水尾院をよみがえらせた山水の風景に触れて、自然に癒され生かされる喜びを、春夏秋冬、味わうことができるのだ。

イサム・ノグチ　石に抱かれた魂

イサム・ノグチを語る時、まず龍安寺石庭から語らねばならない。

本章四節で述べたように、私は長い間、龍安寺石庭がわからなかった。庭を見始めて十年以上経ってもわからなかった。適当に石が置いてあるだけで、なぜ名庭といわれるのかと思っていた。

それがついにわかる時が来た。ある美術番組でイサム・ノグチ特集を見ていた時だった。ノグチは龍安寺石庭のことを「宇宙につながる存在」と見ていたという。「岩が大地から生えているような重量感を感じる」と。その言葉を聞いても「私にはわからない」と思った。だが、番組終盤で登場したノグチ晩年の作品『フロアーロック（床石）』（一九八四年）を見た瞬間、天啓のようにひらめいた。「これは枯山水だ。龍安寺石庭の石だ」と。

龍安寺石庭の石は地球に存在しているだけのただの石であり、それが絶妙なバランスで置かれているだけであり、それは森羅万象が絶妙なバランスで存在している宇宙そのものであるということだ。だからこの庭は永遠なのだ。それをわからせてくれた『フロアーロック』とは、宇宙―地球の本質を彫り出した究極の彫刻なのだ。

では、『フロアーロック』をつくった「二十世紀を代表する彫刻家」と呼ばれるイサム・ノグチとは、どんな人物なのか。どのような人生を経て、地球そのものを彫刻するまでに行き着いたのだろうか。

イサム・ノグチは一九〇四年、詩人の野口米次郎と米国人作家レオニー・ギルモアの子として米国で生まれた。出生時に父は不在で三歳の時に母と来日、父と暮らすが入籍はされず、父はやがて日本人女性と結婚する。ノグチは単身米国へ戻って彫刻を学ぶことになる。

日本人と米国人の血を持つノグチは、その出自に何度も苦しめられた。日本で過ごした幼少期はいじめを受け、戦時中は志願して入所した米国の日系人強制収容所でスパイと疑われた。戦後は広島平和記念公園の建設プロジェクトに関わったが、ノグチの慰霊碑案は不採択となった。理由は、原爆を投下した当事国の米国生まれだから、ともいわれている。

イサム・ノグチの自伝『ある彫刻家の世界』（一九六九年）にこんな文章があるという。

二つの国をもち、二重の育てられ方をした私にとって、安住の場所はどこだったのか。私の愛情はどこに向ければよいのか。私の身元はどこなのか。日本かアメリカの一方なのか、両方なのか、それとも世界に私は属しているのだろうか。

（ドウス昌代『イサム・ノグチ　宿命の越境者（上）』より）

読み手に向かって怒濤のように迫ってくる文章は、自らの宿命に対する憤りからほとばしり出たものだろう。しかしノグチは、龍安寺石庭を見て石を発見した。彫刻の対象としての石ではなく、大地から生えている石、つまり大地を身元としている石として。それは石の姿をとおして、自分が大地すなわち地球から生まれたことを発見したということではないだろうか。その時、自分を苦しめてきた宿命を乗り越えたのではないか。「日本も米国もない。私は世界に、地球に属している」と。そしてノグチは自ら庭をつくるようになる。

日本で見ることができるノグチの庭の一つは、東京・草月会館にある石庭「天国」(一九七七年)だ。「これはイワクラだ」。初めて見た時そう思った。三輪山の山頂の奥津磐座をとっさに思い出した。「天国」という名のとおり、神がおられる場所、古代の神殿のようにも感じた。厳かで、それでいて日の光が降り注ぎ、明るく温かい。階段状の庭の奥に切り開かれた窓からは戸外の景色が見え、あたかも天へと続いているかのようである。ここには国籍や歴史といった人間社会のしがらみはすでにない。

ノグチの意識がさらなる高み、宇宙を目指したのが、モエレ沼公園だと思う。北海道札幌市のゴミ処理場跡地に計画されたプロジェクトに、ノグチは「人間が傷つけた土地をアートで再生する。それが僕の仕事です」と言い、かつて実現できなかったさまざまなアイデアを投入して取り組んだ。

一九八二年に着工、ノグチの生前には完成せず、二〇〇五年にグランドオープンした。面積百八十九ヘクタールという広大な敷地に、標高六十二メートルのモエレ山、高さ三十二メートルのガラスのピラミッド、高さ三十メートルの石づくりのプレイマウンテン、高さ十三メートルのテトラマウンドなど、巨大な構造物が点在する様は、さながらナスカの地上絵か、現代によみがえった古代の遺跡群を思わせる。それほど宇宙的かつ根源的な印象を、見る者に与える。

一度訪れたモエレ沼公園で、忘れられない思い出がある。ガラスのピラミッド内の展示室で「ＡＫＡＲＩ　無重力のパラレル」という企画展があり、ノグチがデザインした「ＡＫＡＲＩ」シリーズの照明が数多く展示されていた。その展示を見た瞬間、ハッとした。ノグチの、日本に対する慕情のようなものを感じて胸がつまったのである。日本で岐阜提灯に出合ったことから生まれた「ＡＫＡＲＩ」シリーズをノグチは気に入り、三十五年間で二百種類以上もの作品を生み出したという。

日本と米国にあったアトリエは、それぞれ庭園美術館となって今に生きている。日本では香川県高松市の牟礼にある。瀬戸内海沿岸地域は花崗岩の産地であり、特に牟礼は庵治石《あじいし》を名産とする。ノグチは一九六九年から牟礼にアトリエと住居を構えた。美術館はノグチ自身が石を積んだ「ＭＡＲＵ」という石壁サークルに囲まれ、その中に制作途中のままの彫刻作品が立ち並ぶ。

蔵の中にも、代表作『エナジー・ヴォイド』をはじめ作品が点在し、手を触れてはいけないが、ガラスケースにさえぎられずに石の肌理《きめ》まで見ることができ、石の息づかいが感じられるような場所だ。

美術館の裏山には小高い丘があり、頂上に丸い石が立っている。

ノグチの言葉である。


地球は全部、石。石から出てきて、石に戻る。だから僕は石に興味がある。

牟礼の丘で、ノグチ自身が石に戻ったのではないか。丘からは、なだらかな稜線を描く屋島と、おだやかな瀬戸内海が見える。香川県には険しく高い山も大きな河川もない。陽光に恵まれた温暖な土地に、おだやかな人々が暮らしている。そして石の産地である。日本と米国に引き裂かれた荒ぶる魂は、石と出合い、石に導かれて、やさしい空気が流れるこの丘までたどり着き、永遠に慰藉《いしゃ》されているのではないだろうか。

安藤忠雄　現代のイワクラ

関西には大阪出身の世界的建築家、安藤忠雄設計の建築が数多くある。打ち放しコンクリートの壁が特徴の安藤建築は抜群に目立つ。そこだけ空気感が違うのである。しかしその空気感は、見る者を畏怖させるような厳しさに満ちており、そんな安藤建築を私は好きではなかった。日本では文化勲章、海外では建築界のノーベル賞といわれるプリツカー賞を授与されるなど世界中で評価されているが、どこがよいのか、少しもわからなかった。

それがある日、認識が一変した。たまたま手にした作品集で、沖縄の商業施設『フェスティバル』（一九八四）の写真を見た時だった。沖縄でよく使われるコンクリートブロックで建てられた灰色のビルは、沖縄特有の強い日差しと、日差しがつくり出す濃い影を、そのまま建築にしたような建物だった。建築が、沖縄の風土をえぐり出していた。しかもこの上なく強靱なフォルムで。

次の瞬間、日本の美をつくり出した人たちの名前が頭の中で縦に並び出した。能の大成者、世阿弥。茶道の大成者、千利休。その系列に安藤の名前も並んだ。ものを見る自分の目が変わるのを感じた。それからあとは、他の建築家の作品は柔《やわ》に見えてしかたなくなった。

安藤建築の特徴が最も直截《ちょくせつ》に表れているのは、初期の代表作『住吉の長屋』（一九七六）だろう。三軒長屋の真ん中一軒だけの建て替えという、狭い敷地に低予算という条件のため、装飾のない打ち放しコンクリートの箱を敷地いっぱいにはめ込んだものだ。極小なのに安藤はこの長屋に中庭をつくった。雨を避ける廊下はなく、雨が降れば傘をさして洗面所に行く。それでも庭をつくったのは「常に自然の豊かさを感じてほしい」という安藤の信念からだ。コンクリートという人工素材と、風、光、水という自然。これが安藤建築を貫く大きな要素となっていく。

光が最も強烈に使われているのは、その名も（通称）『光の教会』（一九八九）だ。狭い敷地に低予算、『住吉の長屋』同様、あらゆる面で無駄を許さない状況が、コンクリート壁の切り込みから差し込む光がそのまま十字架になるという卓抜なアイデアを生んだ。

ここで安藤は、壁の十字架の光で「神」を象徴させている。建築が、自然から神をえぐり出しているのだ。光と影で沖縄の風土をえぐり出した『フェスティバル』と同じ手法で、より強烈に。そしてここでも、壁面の上下左右いっぱいに切り取られた十字架のフォルムは、この上なく揺るぎない。

安藤に限らず一般に建築家は、設計依頼を受ければその土地の地域性や歴史などを調査するのが通常だが、安藤はそうした調査を経た後の表現が誰よりも強烈であり、もっといえば、古代の遺跡を前にしたような根源的なものを感じさせるのだ。

この根源的な強烈さはどこから来るのだろうか。

「私はおばあちゃん子でしたから」。ある講演会で安藤の口から聞いた言葉である。安藤は一九四一年、大阪の下町に双子の兄として生まれた。生まれる前から母の実家の養子になると決められ、安藤は母方の祖父母に引き取られた。祖父は安藤が小さい頃に亡くなり、祖母と二人暮らしで育った。

養子に出されるというのはよくある話である。また祖母は、しつけは厳しかったが愛情深く育ててくれたという。しかし、だからといって兄弟の中で自分だけが生家を出され、生みの母から離された悲しみは、薄められるものではないと思う。安藤の人生にはまず、自分ではどうすることもできない「理不尽」があった。さらに、幼少期は戦後のモノのない時代だった。生活は貧しく、建築の道を志したが大学進学は諦めた。

のちに東京大学教授となった安藤は、入学式の祝辞で次のように述べた。

私は皆さん方のように幸福にすばらしい学校に入れたわけではありません。私は大阪の下町で生まれ育ちました。祖母と2人で暮らしていて、経済的には厳しい状態でした。（中略）ここにいる3千人強の学生たちは、今日、幸福な形で入学したのですが、この式に立ち会われている6千人を超える家族の方々、この日は巣立ちの日だと思って、親子関係をしっかり考えてもらうほうがいいと私は思います。〝親は子を切り離し、子は親を切り離せ。〟極端なようですが、子供が大学生にもなったら、子は親を離れ、親は子離れすることが必要です。

（東京大学ウェブサイト　「平成20年度入学式（学部）祝辞」より）

幸福という言葉を二度にわたって使っている。この世に生まれ落ちた時、安藤に与えられた人生は理不尽で厳しく、幸福ではなかったと認識していたことを、如実に示す祝辞だと思う。また、「私はおばあちゃん子でしたから」と講演会で語った安藤の言葉の語尾は、少し詰まり気味だった。言葉に詰まったのは、一般的な意味での「おばあちゃん子」――両親がいて、さらに祖母に猫かわいがりされたというような――という意味ではなかったからだと思う。

初めて建築を意識した出来事を、安藤はこう語っている。十四歳の時、住んでいた長屋に二階をつくるため、大工が屋根に穴を開けた。その穴から一筋の光が差し込み、昼でも暗い長屋の部屋を一変させた。屋根に上がると青空が広がっていた。

建築とは場を一変させるものであり、そして光とは暗闇に希望を与えるものである。養子に出されたのも戦争が起こったのも、人間社会の都合である。人間社会の都合を超越した何か根源的なもの、つまり自分の宿命を超えるものを、安藤は、光に代表される「自然」に求めたのではないだろうか。安藤と親交があり、日本人の父と米国人の母を持つという出自に苦しんだイサム・ノグチが、国籍など超越した地球そのものを象徴するものとして「石」を発見したように。

安藤建築は、自然の美を表現するとともに、自然の厳しさを感じさせる。出世作『住吉の長

住吉の長屋（写真提供：安藤忠雄建築研究所）

光の教会　（写真提供：安藤忠雄建築研究所）

屋』は、中庭を通して晴れた日は光や風を感じられるが、雨の日は濡れる。『光の教会』は光の十字架がこの上なく神々しいが、安藤はガラスなしの吹きさらしを望んでいた。施主のたっての願いでガラスが入れられたという。

安藤建築はその土地の自然の美しさをえぐり出すように見せてくれる一方、住む人間、使う人間を甘やかしはしない。この豊かさと厳しさは、恵みと試練、生と死の両方を人間に与える自然の性質そのものだ。

太古の日本人は、生と死の両方を与える自然を神として祈りを捧げ、畏敬の念を持ち続けてきた。それを形にしたのが巨石をご神体としたイワクラだ。安藤建築は巨石に代わって、厳密な幾何学的構成を持つコンクリートの構造体を用いた、現代のイワクラなのだ。だからこそ、他の建築とは違う厳然たる存在感を放っているのである。

第三章

美の世界の主宰者たち

日本の庭の中でも特に美しい庭。それはすべて京都にある。美の創造に込めた思いを探る。

銀閣寺庭園　足利義政　乱世の中の「美の繭」

初めて銀閣寺へ行ったのは紅葉の季節だった。特に印象に残っているのは、湿った空気の中でひそやかな雰囲気を漂わせる苔だった。苔とはこんなに美しいものなのかと初めて知った。さらに苔の緑と紅葉の赤の、コントラストの妙が忘れられない。銀閣と呼ばれながら少しも光を発さず暗い色をして鎮まっている観音殿とともに、ここは外界と隔絶された、完結した美の世界だと思った。

この完結した美の世界はどのようにして生まれたのだろうか。銀閣寺、正式名称東山慈照寺は、室町幕府八代将軍・足利義政が造営した山荘、東山山荘がその起源である。

義政の父、六代将軍・義教《よしのり》は、義政が六歳の時に暗殺された。義政の兄が七代将軍となったが早世し、将軍になる予定ではなかった義政が八代将軍となった。

義政は当初、政治に意欲的だったが、実母、乳母、養父、さらに管領家など、さまざまな方面から干渉を受け、思うに任せぬことが増えていった。また嫡男がおらず、僧侶の弟を還俗《げんぞく》させて後継者としたが、翌年、正室の日野富子が男子を生み、将軍家の後継者争いの種が生まれた。ここに、以前からくすぶっていた守護大名家の内紛や大名同士の対立などが絡み、室町幕府を支えるはずの大名たちが東西の軍に分かれて争う応仁の乱に発展した。乱は十年あまり続き、京の都は焼け野原と化した。寺社もほとんどが焼かれ、残ったのは三十三間堂などわずかであったという。さらにこの頃は飢饉も頻発し、巷には餓死者があふれていた。

地獄と極楽を描いた絵を集めた展覧会に行ったことがある。聖衆来迎寺が所蔵する『六道絵』のうちの『阿鼻地獄』では、棍棒などの武器を持った鬼が、地獄に落ちた人間を責めさいなむ様子が描かれていた。それを見ていて気づいた。これは戦場だと。武器を持った鬼は武士であり、裸に剝かれて責め苦にあえぐ人間は庶民であり、真っ赤な地獄の業火は戦場の火の手なのだ。

『餓鬼草紙』も見た。骨と皮ばかりに痩せながら異様に腹のふくれた餓鬼は、飢饉の時の庶民の姿ではないのか。『六道絵』は鎌倉時代の、『餓鬼草紙』は平安末期から鎌倉時代にかけての作とされている。武士が世を治める時代への移行期、すなわち中世が始まる頃である。戦乱と飢饉が続いた中世の都では、いや都だけではなく日本中が、地獄絵そのままの様相を呈していたのではないだろうか。絵は、それを写し取っただけなのだ。

応仁の乱後の荒廃した都で、義政は山荘の造営を始めた。幕府の財政はすでに傾いていたが、義政は山荘造営のために段銭（臨時の税）や夫役（人身的労役）を課した。また石や木を大名たちから献上させ、寺院から奪いもしたという。その一方で、さまざまな分野の専門家を身分にかかわらず登用、特に作庭においては「山水河原者《せんずいかわらもの》」と呼ばれた被差別民を重用した。すべては最高の美をつくり上げるためである。そうして自身が亡くなるまでの八年間、山荘とその庭をつくり続けた。

銀閣寺の総門から中門に至る道の両側には、見上げるように背の高い生垣が五十メートルほど続く。今は銀閣寺垣と呼ばれるこの垣は、なぜこんなに背が高いのか。それは、自分では治められない乱世の中で、外部と隔絶された美の世界を構築しようとした、義政の執念の象徴ではないだろうか。父を暗殺され、兄は早世し、自分は武士の棟梁であるはずなのに周囲は思うようにならず、都を焼き尽くす戦乱に大義はなく、自分の都合で簡単に寝返ってしまう人間たちが跋扈《ばっこ》する乱世。義政にとって信じられるのは、自らの審美眼のみ、信じられるのは美のみだったのではないだろうか。

義政は夢窓疎石を崇拝し、夢窓がつくった西芳寺の庭を模して山荘の庭をつくったという。夢窓が生きたのは鎌倉時代から南北朝時代、そして室町時代への移行期だった。時代の画期に多くの人が死んでいった。だが人が死んでも夢窓のつくった美しい庭は残っている。美だけが時代を超えることを、義政はよく知っていたのだと思う。

冬には椿が咲く背の高い生垣の内側で、義政は営々と「美の繭」をこしらえていたような気がする。義政の死後、世はますます乱れて戦国時代へ入っていくが、この「美の繭」から、「侘び寂び」という言葉で表現される日本の美の規範となる東山文化が紡ぎ出されていった。

生垣一枚をへだてて血みどろの乱世と接していたからこそ、その美はいっそう、強度を増していったのではないだろうか。

義政の死の前年、正室の富子が生んだ嫡男で九代将軍となっていた義尚《よしひさ》は出陣中に病死した。室町幕府はその後、十五代をもって滅びた。一方、山荘は義政没後に寺院となり慈照寺と名づけられたが次第に荒廃し、江戸時代に再興されて銀閣寺という俗称が生まれた。明治の廃仏毀釈《きしゃく》を乗り越え、昭和には境内の東求堂と観音殿が国宝に指定され、平成には世界遺産に登録された。乱世の中から生まれた「美の繭」は、今や世界の宝である。

ひとたび美と認められれば、時代が変わっても人はそれを守り、受け継いでいく。乱世の中で美の永遠を信じた一人の男の執念は、銀閣寺とその庭という形をとって、今も私たちの前にある。

桂離宮　八条宮智仁親王　揺るぎない美の規範

桂離宮を初めて訪れたのは冬の晴れた日だった。見どころを詰め込んだ短時間の参観コースということもあって、意匠を凝らした庭や建築を次から次へと見せられ、めくるめくような感覚に襲われた。特に、飛石や延段など、紙を切って貼ったように石を自在に扱った苑路を歩いている時は、動かすたびに千変万化する万華鏡の中にいるような心地になった。

平成につくられた京都迎賓館でも、美そのものの中に足を踏み入れたような気分になったが、迎賓館には、夢うつつの境で溶かされていくような、甘い露がしたたる中にいるような感覚があった。甘い露とは、王朝の雅《みやび》への憧れである。

桂離宮には、憧れというような情緒的な気分はなかった。冬の日差しの中で白く明るく乾いていた。曖昧なものがない、男性的で力強い印象を受けた。

桂離宮を訪れてからほどなくして銀閣寺へ行った。以前にも行ったことはあったが、桂離宮を見たあとでは「桂離宮に似ている」と直感的に思った。形が似たものがあるということではなく、美の創造に全身全霊を懸けるという気構えが似ていた。銀閣寺は足利義政が、思うに任せない乱世からわが身を隔絶させる「美の繭」としてつくったものだ（前節参照）。ただ、銀閣寺には現実逃避の感があるが、桂離宮には現実から美の創造に逃避しているのではなく、現

桂離宮にて（著者撮影）

実の中に美を打ち立てている力強さがあった。

では桂離宮はどんな人物がつくったのだろうか。

桂離宮の造営は、八条宮智仁《としひと》親王に始まる。智仁親王は後陽成天皇の弟で、修学院離宮を造営した後水尾天皇の叔父に当たる。

智仁親王は天正七年（一五七九）、誠仁親王の第六皇子として生まれた。すぐ上の兄、邦慶親王が織田信長の猶子であったので、それにならって豊臣秀吉は親王を猶子にした。しかし天正十七年（一五八九）、秀吉に実子が生まれ、猶子関係は解消された。秀吉の奏請により八条宮が創設され、親王は宮家の当主となった。

親王は十六歳の時、武将にして歌道にすぐれた知識人であった細川幽斎から、初めて歌論の講釈を受け、幽斎の弟子となった。幽斎はこの時、六十二歳だった。

慶長三年（一五九八）八月、秀吉が没した。二か月後に後陽成天皇は突然、弟の智仁親王への譲位を表明した。なぜ自分の息子である皇子たちがいるのに弟に譲位したいのか、徳川家康らの武家方はもちろん公家衆も困惑して反対し、天皇の希望は容れられなかった。

秀吉没後の権力の行方が混沌とする中、慶長五年（一六〇〇）三月、智仁親王は幽斎から古今伝授を受け始めた。古今伝授とは『古今和歌集』の解釈を師から弟子へ秘伝として伝授することである。当時は幽斎が唯一の伝承者となっていた。

　ところが同じ年、いよいよ権力闘争が頂点に達し、東西に分かれて雌雄を決する関ケ原合戦を間近に控える情勢となった。七月、石田三成側の西軍は幽斎の息子・忠興の留守中に細川家の大坂屋敷を包囲、忠興の正室・玉（洗礼名ガラシャ）を人質に取ろうとするが玉は拒絶して大坂屋敷で果て、屋敷は炎上した。幽斎はこれを聞いて領国の丹後田辺城で西軍と戦うことを決意、わずかな手勢で籠城を始めた。

　智仁親王は、このまま幽斎が討ち死にすれば和歌の伝統が途絶えると憂慮し、幽斎に敵方との講和を求めたが、幽斎は応じなかった。親王は兄の後陽成天皇を動かし、勅命によって講和を要請し、九月、ついに幽斎は籠城を解いた。関ケ原合戦の三日前だった。

　親王はこの時二十二歳だった。翌慶長六年（一六〇一）、古今伝授が再開され、親王への伝授が全うされた。

　政権を奪った徳川幕府は、慶長二十年（一六一五）、禁中並公家諸法度を制定して、天皇と公家の行動を統制し始めた。智仁親王は京都の桂に領地を得て、山荘を建て始める。

　智仁親王の没後、幼い当主、智忠《としただ》親王のもとで桂の山荘は一時荒廃するが、加賀前田家の息女との婚姻などを経て、山荘の修復および増築が進められた。八条宮はのちに桂宮と改称し、明治に至って絶えた。明治十六年（一八八三）、宮内省（当時）所管の桂離宮となり、現在に至っている。

智仁親王は、今存在する桂離宮のすべてに関わってはいないが、桂の基軸をつくったことは確かだろう。桂離宮に展開される美の力強さは、安土桃山時代から江戸時代へ移行する激動の時代、さらに徳川幕府による抑圧の時代を生きた一人の王族の、武家政権に翻弄されながらも自分を見失うことのなかった、芯の強さの表れではないかと思う。その強さは、関ケ原合戦の直前、幽斎を救助する時に見せた智仁親王の果敢な行動力にも表れている。歌道の師である幽斎の身を案じるという気持ちもあっただろうが、何よりも和歌の伝統、すなわち王朝文化の伝統を守り抜こうとしたのではないか。

秀吉は智仁親王を猶子としただけでなく、明を征伐したあとは後陽成天皇を明に移し、後陽成天皇の若宮（のちの後水尾天皇）か、あるいは智仁親王を天皇にしようと画策していた。また、後陽成天皇は、息子ではなく弟の智仁親王に帝位を譲ろうとした。周囲の人間をそんな思いにさせるものを、智仁親王は持っていたのではないだろうか。

桂離宮は戦前、日本を訪れたドイツ人建築家ブルーノ・タウトによってその美が再発見され、日本の美の規範の一つとなった。武家政権下で毅然と生きた一人の王族の姿を、桂離宮の端正かつ揺るぎない佇まいから偲びたいと思う。

四君子苑　北村謹次郎　美の桃源郷

職を辞して庭の本を書くために京都で造園関係者の方々にお話を聞いていた頃、「四君子苑はすばらしいですよ」と複数の人に言われた。秋の特別公開を待って見に行った。話に聞いたとおり、四君子苑はすばらしかった。庭も建築も磨き上げられた宝石のような完璧さだった。だが細かいことは覚えていない。重要文化財を含む六十点にのぼるという石造美術品も、一つも覚えていない。覚えているのは、庭の随所でさまざまな表情を見せていた水の、信じられないような清らかさと、庭全体のつややかさである。一つの大きな水滴の中にいるような心持ちといえばよいだろうか。その中で、ただひたすら、うっとりしていた。

だから本当のところをいえば書くことはない。けれど「美の世界の主宰者たち」という章において、この庭を落とすわけにはいかない。過去に見てきた庭の中で最も美しい部類に入るからである。何とか、この庭の美の秘密を探ってみたいと思う。

四君子苑は京阪・出町柳駅から鴨川を渡って五分ほどのところにある。鴨川をはさんで大文字山が見える。かつて皇族や貴族が離宮や別荘を建てた景勝の地に、実業家で茶人の北村謹次《きんじ》郎《ろう》が自邸を建て、庭をつくった。昭和十五年（一九四〇）から普請《ふしん》を始め、完成したのは十九年（一九四四）という戦時中である。戦後は進駐軍に母屋を接収された上に改造されたため、三十八年（一九六三）、母屋が建て替えられた。建て替え前の邸は京数寄屋の名棟梁・北村捨《すて》次郎《じろう》が、建て替え後の母屋は近代数寄屋建築の第一人者・吉田五十八《いそや》が、作庭は鬼才と呼ばれた京都の庭師・佐野越守《えつしゅ》が手がけた。

四君子苑の名は、菊の高貴、竹の剛直、梅の清冽、蘭の芳香を「四君子」と讃える中国の風習に由来する。菊竹梅蘭の頭文字をつなげると「きたむら」となり（梅は「むめ」とも読む）、北村はその品位風格にあやかることを願って命名したという。

というところまでは、四君子苑で渡された小冊子などを読めばわかった。しかしこれだけでは庭の美の秘密はわからない。北村の著書『京・四季の茶事』などをもとに、美の秘密に迫りたいと思う。

まず施主の北村謹次郎とはどのような人物だろうか。結論からいえば、「菊の高貴、竹の剛直、梅の清冽、蘭の芳香」を、自身のうちに持っていた人のように思う。

北村謹次郎は奈良・吉野で代々山林業を営む北村家の出である。吉野といえば、後醍醐天皇が開いた南朝があった地である。北村家も南朝に連なる家系であるという。北村は吉野で生まれ、京都帝国大学を卒業、結婚して京都に住んだ。北村が自邸と庭をつくり始めたのは三十代半ばの頃だ。幼い頃から茶の湯に親しみ、すでに自分の好みは確立していたと思われる。四君子苑の表門をつくる時、棟梁の北村捨次郎に「門はどういうのにおしやす」と聞かれて、「こうとなのがええな」と応じた。「こうと」とは京都弁で控えめで上品なことである。北村の好みの一つは「控えめで上品」であった。それは四君子の一つ、「菊の高貴」につながると思う。

北村は、棟梁の北村捨次郎の持ち味を「その作品は非常に気品があったが、斬新さに欠けるところがある」と評している。大文字を望む広間「看大」の床に、「もう少し新味がほしかった気がする」と若干の不満を述べている。京数寄屋の伝統を受け継ぐ名うての棟梁を相手に、施主として自分の好みを譲らず、毎日のようにやり合ったという。このあたりが「竹の剛直」を思わせる。また、斬新さを求める好みに「梅の清冽」を見る。

四君子苑の隣には、北村が収集した美術品を収めた北村美術館がある。所蔵品を見ると、古田織部、俵屋宗達、尾形乾山、与謝蕪村、野々村仁清、北大路魯山人など、いずれも曖昧さのない、明快で歯切れの良い作品である。この明快さを好む美意識はやはり「梅の清冽」を思わせる。

北村は長唄、清元、絵更紗、版画などを趣味とした。長唄や清元は、たとえば謡曲に比べると男女関係を題材にしたものが多い。四君子苑の茶室の小間には「珍散蓮《ちんちりれん》」という名がついている。その名は、長唄『娘道成寺』の三味線の合方《あいかた》（唄のない独奏部分）、「チンチリレン」から来ている。『娘道成寺』は安珍清姫伝説を下敷きに若い娘の恋心を歌ったものだ。この命名の由来、あるいは庭全体のつややかさなど、四君子苑にはある種の「艶《つや》」、色香を感じる。それが「蘭の芳香」につながるように思える。

このように、もともと北村の中に四君子の要素がひそんでいたのではないかと思う。その四つの要素が、施主本人を含めて棟梁、建築家、庭師の個性にぴたりと当てはまったのではないか。「菊の高貴」は気品のある作風を持つ棟梁の北村、「竹の剛直」は伝統的な数寄屋を近代数寄屋に構築しなおした剛腕ともいえる建築家の吉田、「梅の清冽」は斬新で明快なものを好む施主の北村自身、「蘭の芳香」は大変な遊び人であったという庭師の佐野である。施主の個性と、作り手の個性と技が、間断なく融合した美の世界。これが四君子苑の美の秘密ではないかと思う。

さらにいえることは、さまざまな幸運が重なったことだ。戦争が絡むことなので、手放しで「幸運」ともいえないが。

四君子苑の着工は昭和十五年という日本が泥沼の戦争に突き進んでいた頃であり、終戦前年の十九年に完成した。北村は「非国民的な言辞で申しわけないが」と前置きをして、「こんな時期だからこそよい庭がつくれたのかもしれない」と書いている。平時では入手できないような材料が集まったという。

また、母屋が進駐軍に接収されて改造されたため、建て替えをせざるを得なくなった。敗戦がなければ接収されることもなかったが、それによって、吉田五十八による近代数寄屋の名建築が生まれた。建て替えられた母屋は目が覚めるようなモダンさである。それは吉田五十八の

四君子苑（写真提供：北村美術館）

持ち味であることはもちろんだが、斬新で明快なものを好む北村自身の美意識も強く感じる。

そして、この近代数寄屋が建てられた経緯は、まるで明治維新後の京都の歴史を見るようである。維新前後の混乱で傷つき衰退した京都は、その苦難をみずから乗り越えるべく、琵琶湖疏水や水力発電、市電などの近代化を果敢に推し進め、それが京都に新たな発展をもたらした。災い転じて福となすしたたかさを、この古い都は持っている。四君子苑も、戦後の事情で近代数寄屋に生まれ変わったことによって、伝統と近代が共存する美の館という新たな価値を持ったといえるのではないだろうか。

四君子苑は大文字山が見える鴨川畔の景勝地にある。景勝地とは、その地で最も自然が美しい場所のことだ。庭というものの本質が、その土地の自然の粋《すい》をつかみ出し、表現したものだとしたら、鴨川畔に住んだ頼山陽《らいさんよう》が「山紫水明処」と讃えた京都という地の粋を、これほど如実に表現した庭はないだろう。庭の清らかな水とつややかな空気は、京都の粋なのだ。

四君子苑は、歴史的人物ではなく一個人の邸と庭だが、京都の美と歴史が蔵された、真に貴重な場所ではないだろうか。だからこそ、令和二年（二〇二〇）にすべての建築物が国の登録有形文化財となったのだと思う。美の桃源郷ともいうべきこの邸と庭が、いつまでも美しいままであることを願ってやまない。

京都迎賓館　京都の、京都による、京都のための美の殿堂

京都迎賓館はすばらしいと、うわさに聞いていた。うわさは本当だった。庭を見る心づもりで訪れたのだが、樹齢七百年という欅《けやき》の一枚板を使った玄関扉の前に立った瞬間から、想像を超える美的体験が始まった。それは身のまわりに美を探すというより、美の渦中へ身を投じるような体験だった。

例をあげればキリがないので一つにとどめたい。晩餐室の「藤の間」に足を踏み入れた時だった。ふと下を見ると、踏み入れた足の横に藤の花びらがひとひら落ちていた。じゅうたんの模様だった。美しい紫色に心がときめいた。花びらから目を離したくないので花びらを追うように歩いていくと、花びらはどんどん増えていった。次第に花びらに酔うような、夢うつつの心持ちになってきた。

壁に突き当たって目をあげると、人の背丈の倍ほどある大きなつづれ織りが視界いっぱいに広がった。そこには藤の花が、いく房も織り上げられていた。織物とは思われない細やかさ、それでいて、織物特有の温かみがあった。「私は藤の花びらが舞い散る中を歩いてきたのだ」。そう素直に思わせる趣向だった。藤の花が持つ優美さを、最上級の形で表現しているのではないか。心がふるえた。

和舟（写真提供：京都迎賓館）

藤の間に至るまでにも、障子、廊下、廊下に置かれた行灯、椅子、卓、卓の上の花器など、すべてが美しかった。美に際限がなかった。それらは人間国宝などそれぞれの分野の第一人者が手がけたものだ。にもかかわらず、何か一つが主張することなく、すべてが調和していた。

窓の向こうには、池を中心にした庭が見える。京都迎賓館は「庭屋一如」の考え方のもと、庭を囲むように部屋が設けられている。庭は、部屋の天井に映る池のゆらめきや、漆卓への景色の映り込みなどによって、室内とつながっている。池には舟底天井の屋根を持つ橋が架かり、和舟が浮かび、石が立つ。岸辺には桜の木があり鯉も泳ぐが、それがけっして通俗におちいらず、品格を保っている。そこここに、時代を代表する美の面影があった。平等院、西芳寺、龍安寺、銀閣寺、桂離宮、その他もろもろの美の結晶が、ここに集まっていると思った。

京都迎賓館は平安建都千二百年記念事業の一つとして京都政財界が政府に建設を要望し、平成十七年（二〇〇五）に完成した。赤坂迎賓館のような明治の文明開化の延長線上にある洋風建築ではなく、日本人が日本のもてなし方で外国の賓客を迎えるための現代和風建築として建てられた。場所は京都御苑の中の公家の邸宅跡、いわば京都の中の京都である。迎賓施設であると同時に「京都の、京都による、京都のための」美の殿堂だと思った。それは京都という都市に代表される日本の美の殿堂である。

では、なぜここまで美しいものをつくり上げることができたのか。それは、日建設計が設計監理を受注したことに関係があるように思う。

日建設計は、明治三十三年（一九〇〇）に創設された住友本店臨時建築部を母体とする。当時の住友家家長（当主）は、公家の徳大寺家出身の住友友純《ともいと》だった。友純は生前、大阪府に寄付した図書館の建設や、住友家の本邸・別邸の建設などを盛んに行ったが、それらは臨時建築部が担当した。住友家の邸宅は書院・洋館・日本間、そして日本庭園という構成を基本としており、そこには現代的な技術で和風建築を実現させた京都迎賓館の先駆けを見ることができるという。

友純は二十九歳で住友家に養子に入った。年齢から考えて、すでに公家の教養は十分身につけていたことだろう。公家の教養とは、平安時代の王朝文化に由来するものだ。つまり日建設計には住友友純を通じて、平安王朝文化の遺伝子がすでに埋め込まれていたのではないだろうか。

京都迎賓館の設計業務は、公募型プロポーザル方式によって委託先の選定が進められ、多数の応募者の中から日建設計が選ばれた。選定後は、日建設計の企画提案をもとに建設が進められ、設計担当者は「現代和風とは何か」を探るために京都の建築を見て回り、近代以降の南禅寺界隈の別荘群に、現代和風設計の源泉があると発見したという。

南禅寺界隈の別荘群といえば、七代目小川治兵衛（植治）が作庭を手がけた別荘群である。

さらに植治といえば、まず山縣有朋の無鄰菴《むりんあん》で近代庭園の作庭に目覚め、次に友純との出会いで大きく飛躍した京の庭師である。住友家の邸宅の庭は、ほぼすべて植治によるものだ。南禅寺界隈の別荘群にも、日建設計と同じく、住友友純の遺伝子が植治をとおして生きていたのではないだろうか。それを日建設計の担当者は知らぬ間に感じ取り、京都迎賓館の設計に生かしたのではないか。

それは、生活のすべての面において端正を極めていたという住友友純の遺伝子——それは京都の公家の遺伝子、ひいては平安王朝文化の遺伝子——が、まわりまわって日建設計を介して、京都迎賓館という形に結実したということではないだろうか。その意味で、京都迎賓館の設計監理は日建設計でなければならなかったと思うのである。

さらに京都迎賓館の建設に当たっては、京都の伝統の職人技を活用するための「伝統的技能活用検討委員会」が設置された。これは日建設計が、国土交通省に強く依頼した結果だという。これによって京都の伝統的技能を受け継ぐ職人が公正に選ばれ、選ばれた職人は求められた以上の創意工夫を現場で発揮した。迎賓館の完成後も、職人たちを中心に建設に関わった人々が「京都迎賓館を見守る会」をもうけて年に一度集まり、迎賓館を訪れるという。建物や作品の現状確認はもちろんだが、師匠の仕事を弟子が見る機会ともなり、さらなる技術伝承が生み出されているという。

これらのことを考え合わせると、平安建都千二百年記念事業から始まった京都迎賓館の建設には、京都で生まれて育まれた平安王朝文化という美——それは繰り返しになるが日本の美そのもののことである——およびそれを維持する技能を残すという、「京都の意志」のようなものが働いていると感じる。なぜそんな意志が働くのかというと、その美がなくなれば、日本が日本ではなくなってしまうからである。

京都迎賓館建設の二十数年前、桂離宮の「昭和の大修理」が行われた。桂離宮が初めて解体され修復されたこの大仕事によって京都の職人技が伝承され、その時の職人と後継者が二十年後に京都迎賓館の仕事をした。二十年といえば、伊勢神宮の二十年ごとの式年遷宮を思い起こさせる。技術の伝承には二十年ごとの大仕事が必要なのだろう。

時代は平成から令和に移り、次の二十年がそろそろやってくる。まず文化庁が東京から京都へ移転した。ここにも京都の意志の力を感じる。文化庁移転を受けて「次の大仕事」が到来し、伝統を受け継ぎつつ革新する力が、再び京都にわき上がることを祈りたい。日本が日本であり続けるために。

第四章

時代を映す石と庭

古来、庭がつくられてきた日本では、庭は時代を映す鏡である。豪族の古墳から昭和の庭までをたどる。

石舞台古墳　豪族蘇我氏の威圧感

私は大阪で生まれ育った。小学校の遠足といえば奈良である。東大寺で大仏を見上げ、石舞台古墳で巨石に驚いた。成人してから石舞台古墳を訪れた時に感じたのは、何ともいえない威圧感だった。石舞台古墳だけでなく、バスで石舞台から飛鳥駅へ向かう途上でも感じた。この威圧感は何に由来するのだろうと、ずっと考えてきた。

石舞台古墳は奈良県・明日香村にある。被葬者は古代ヤマト政権の権力者、蘇我馬子といわれている。明日香村は六世紀末から七世紀にかけて都があったとされる地だが、蘇我氏の本拠地でもあった。橿原神宮、石舞台古墳、飛鳥駅などをめぐる周遊バスには、蘇我氏の邸宅があった「甘樫丘《あまかしのおか》」、邸宅に島を浮かべた池があったので「嶋大臣」と呼ばれた馬子にゆかりの「島庄」、馬子が発願した飛鳥寺の近くにある「飛鳥大仏」など、今でも蘇我氏ゆかりの名前がついたバス停が続く。

蘇我馬子といえば、蘇我氏と並ぶ権力者であった物部氏との仏教受容をめぐる崇仏論争である。日本古来の神道を奉じる名門・物部氏と、外来宗教である仏教を支持する新興勢力・蘇我氏との権力闘争ともいえる論争は内乱に発展、蘇我氏が勝利した。以後蘇我氏は、馬子の孫、

石舞台古墳（写真提供：明日香村教育委員会）

蘇我入鹿が中大兄皇子らによるクーデターで殺害されるまで、当代一の権力者として君臨し続け、蘇我氏が支持する仏教が浸透していった。仏教の影響を受けて日本人の祈りの形も、山や巨石に神を見、あるいは神を招いて拝する形から、社殿を建て、それを通して神を拝する形へと変化していった。

「豪族」という言葉がある。主にヤマト政権時代の権力者を指す呼称だが、豪族といえばまず蘇我氏が思い浮かぶ。石舞台古墳はもともと封土（盛り土）で覆われ、巨石は見えなかったという。それがいつの間にか土がなくなり巨石が剝き出しとなったことで、図らずも、蘇我氏という豪族の強烈な権力志向が剝き出しにされたような気がする。明日香村で私が感じた威圧感は、この地に消えずに残っている蘇我氏の権力への執念ではないだろうか。

そして石舞台古墳は、石の巨大さに自分たちを超える「大いなる存在」を見ていた日本人が、石の巨大さに自らの権力を象徴させるようになった、その変貌のモニュメントのようにも思えるのだ。

平等院庭園　極楽いぶかしくば

宇治川の　瀬々のしき波　しくしくに　妹は心に乗りにけるかも

「宇治川のあちこちの瀬で、後から後から寄せてくる波のように、あなたはいつの間にか私の心に入り込んでしまった」というような意味だったろうか。大学生の頃、新聞でこの万葉集の歌を知り、歌をもとに夏休みの課題の小論文を書こうと宇治へ向かった。初めて見る宇治川は川幅も広く、流れは想像よりもはるかに速く、「瀬々のしき波　しくしくに」という表現を実感した。街なかの淀んだ川になじんだ大阪の人間には、目にも心にも清冽な体験だった。自然の美しさが身も心も洗い清めてくれることを、この時初めて知った。

次に宇治を訪れたのは、社会人になって数年経ったある年の五月だった。平等院では藤の花が満開だった。当時の鳳凰堂は修復前で、暗い灰色をしていた。その中で、扉の裏の絵に残っていた緑色があざやかだった。平等院を出て宇治川に面した店で昼食をとると、窓から見える宇治川の流れが目に清々しく、窓から入る川風が心地よかった。宇治はやはり心身を洗い清めてくれる場所だと思った。

次に宇治を訪れたのは桜の季節だった。鳳凰堂は一部修理中で、いつもは鳳凰堂の壁にかか

雲中供養菩薩・南23号（写真提供：平等院）

っているたくさんの雲中供養菩薩像が取り外され、鳳翔館という美術館に収められていた。菩薩様をガラスケースに入れて展示物にするとは。そんな少し否定的な気持ちで展示室に足を踏み入れると、左側から視線を感じた。顔を向けると、ガラス一枚を隔てて菩薩像の一つがすぐ横にあった。菩薩像はびんざさら（拍板）と呼ばれる楽器を持っていた。それはこちらに向けられていて、その姿はまるで「あなたに音楽を聞かせてあげましょう」と言っているかのようだった。

彩色がすっかり剝落した菩薩像は、こちらを見守りながら、それでいて押しつけがましさのない、静かな顔をしていた。眺めていると不思議な感情がわいてきた。「仏の慈悲とはこんな感じだろうか」。いつのまにか否定的な気持ちは消え、至近距離で対面できたことに感謝するまでになっていた。

こんなふうに私は何度か平等院を訪れていたが、平等院の歴史などは何も知らなかった。「宇治というのは気持ちの良い場所だ」という思いだけがあった。庭の本を書こうと思い立って庭の歴史を調べてみて初めて、平等院の庭は「浄土庭園」の代表的な庭であることを知った。

前節で取り上げた石舞台古墳の被葬者とされる蘇我氏の次の権力者は、中大兄皇子とともに蘇我氏をクーデターで倒した中臣鎌足の子孫、藤原氏だった。その藤原氏の最盛期が、平安時代中期に登場した藤原道長・頼通父子の時代といわれている。

平等院は永承七年（一〇五二）、関白であった頼通が、父・道長の宇治の別荘を寺院に改め創建され、翌年に阿弥陀堂が建てられた。それが現在の鳳凰堂である。

当時の貴族たちは、釈迦の入滅二千年後に到来するという末法の世を怖れ、阿弥陀如来が人間を救ってくれるという浄土信仰にのめり込んでいた。末法の世とは、釈迦の教えは残っても修行する者がおらず、悟りを得る者がいなくなる世のこととされる。比叡山延暦寺の僧、源信が著した『往生要集』には、地獄と極楽浄土の諸相が克明に記され、貴族たちは地獄行きを怖れて極楽往生を熱烈に願った。

道長は自邸のそばに阿弥陀仏を祀った阿弥陀堂を建てた。それは源信が記した極楽浄土の様を、手を尽くして具現化したものだった。その寺、法成寺は現存しないが、池の周囲に数多くの仏堂が建ち、それが池の水に映る様は「三千世界（全宇宙の意）の様」と讃えられ、その規模と壮麗さは平等院をはるかに上回っていたという。

道長は三人の娘を天皇に嫁がせて天皇の外戚となって権勢を奮い、「この世をばわが世とぞ思ふ望月のかけたることもなしと思へば」と和歌に詠んだ。道長の息子たちも若い頃から高位に就き、長男の頼通は父と同様、最高権力者の道を歩んだ。

平等院鳳凰堂は、その栄華の跡である。黄金で荘厳された華麗な天蓋と光背を持つ、なめらかな体つきの優美な阿弥陀仏、壁や扉の裏にまで描かれた聖衆来迎や日想観など極楽往生にまつわる物語、そして平面の絵画だけでは飽き足らなかったのか、白いまま残されている壁にか

鳳凰堂正面全景（写真提供：平等院）

阿弥陀如来坐像（写真提供：平等院）

けられたのが、立体の雲中供養菩薩像五十二軀である。

夜明けには、朝日を受けて反射した庭の池のきらめきが白い壁に映るという。揺れ動くきらめきの中で、雲に乗った菩薩像は本当に舞い踊り、楽器を奏でているように見えたのかもしれない。自然と人工の美を融合させた、何という趣向だろうか。

道長や頼通が、法成寺や鳳凰堂の華麗さに込めたものは何だろう。信仰心にことよせた権力誇示だろうか。権勢を誇りつつも、道長は長年、病に苦しんでいた。どんな権力者でも、病とその先の死には勝てない。それを晩年に思い知り、阿弥陀仏に救いを求めての華麗な荘厳だろうか。どんな理由にせよ、当時の権力と浄土信仰が結びつき、庭を含めた浄土教美術という一つの美の形式を生んだ。

平等院は境内だけでなく、宇治川と周囲の山を含めて極楽浄土を表現しているという。平等院は、元は道長の別荘だった。別荘とは平生の疲れを癒す場所である。平安時代あるいは万葉の時代から、宇治はその豊かな自然によって都会の塵埃を洗い清めてくれる場所、つまり宇治の地そのものが都会の人々にとって極楽浄土だったのではないだろうか。現代人の私が、宇治の自然に触れて心身を清められたように。

平等院は「極楽いぶかしくば　宇治の御寺をうやまへ」（極楽が疑わしいというのなら、宇治の平等院に参拝しなさい）と、その美しさを讃えられたという。訪れる人々は平等院の美しさに触れ、極楽往生を真剣に念じたのではないだろうか。そう思えるのは、雲中供養菩薩像に仏

鳳凰像（写真提供：平等院）

の慈悲のようなものが宿っているのを、私自身が感じたからである。

仏像とは人間がつくったものだが、人間を包み込む、あるいは圧倒する、人間を超えた力を持っているように感じる。すべての仏像がそうではなく、仏像をつくり出す仏師自身の敬虔さ、造形物としての完成度の高さ、そして参拝する人々の信仰心の蓄積があってこそ、その力を持つのだと思う。

宇治の地にもともとあった、豊かな自然によって人を癒す力、その宇治に建てられた平等院という浄土信仰の精華、その平等院に蓄積された人々の信仰心。この三つが結びついた、この世の極楽浄土。それが平等院鳳凰堂とその庭なのではないだろうか。


もう一つ、鳳凰堂の屋根に据えられていた鳳凰像について触れておきたい。

初代の鳳凰像は、今は屋根から降ろされ、鳳翔館に展示されている。こちらもガラス一枚を隔てて目の前に見ることができる。鳳凰は、繊細優美を極めながら、全身に力をみなぎらせている。前方を見据える鋭い眼差し、引き締められた嘴《くちばし》、張り出した胸、はばたきの音が聞こえてきそうな翼、そして台座を踏みしめている足。永遠に飛翔する不死鳥の力強さ。一見優雅に見えて、その実、鳳凰は猛禽《もうきん》なのだ。それをこれほど魅力的に表現した造形があるだろうか。

貴族が世を支配する時代が終わっても、貴族が生み出した文化はまさに不死鳥のごとく時代を超えていった。その象徴が、優美さと猛々しさが同居するこの鳳凰だ。金閣寺の舎利殿の屋根にも、銀閣寺の観音殿の屋根にも、平安神宮の泰平閣の屋根にも、鳳凰がいる。現代の最高額紙幣一万円札の中にも、鳳凰がたびたび登場する。つまりその時代の最高権力の象徴として、鳳凰は存在しているのだ。最も優美な時代の最高権力から生まれた不死鳥は、千年の時を超え、美と力の象徴として、私たちの前に君臨し続けている。

毛越寺庭園　まつろわぬ人々の誇り

藤原頼通が平等院を創建する一年前の永承六年（一〇五一）、陸奥国で戦乱が起こった。前九年の役である。地元の豪族、安倍氏と朝廷との争いが発端の戦乱は、十年を超える長きにわたった。劣勢の朝廷は出羽国の清原氏に参戦を要請、これにより一気に決着がつき、戦乱は朝廷と清原氏の勝利に終わった。

敗れた安倍氏の娘婿で、戦乱の中心にいた藤原経清《つねきよ》は、陸奥守であった源頼義によって、鈍刀を使った鋸《のこぎり》引きの刑で斬首された。経清に恨みを抱いていた頼義は、苦痛を長引かせる残酷な刑を下した。

経清の妻は夫の死後、敵方であった清原氏のもとへ入り、経清の嫡男・清衡《きよひら》は母の連れ子として清原氏の一員となった。その清原氏で親族間の内紛が起こり、そこに陸奥守の源義家（頼義の息子）が介入、後三年の役へと発展した。清衡はこの戦乱で異父弟に妻子らを皆殺しにされたが、自身は生き残って清原氏の当主となり、実父の藤原姓を名乗った。ここに、奥州平泉に中尊寺をはじめとする仏教浄土の世界をつくり上げて百年の栄華を誇った奥州藤原氏の初代、藤原清衡が誕生した。

毛越寺庭園（写真提供：毛越寺）

清衡の名のもとに書かれた「中尊寺供養願文」には次の文章がある。

一音の覃ぶ所は千界を限らず、苦を抜き楽を与えること、普く皆平等なり。官軍夷虜の死せし事、古来幾多なり。（中略）鐘声の地を動かす毎に、冤霊をして浄刹に導かしめん。

「官軍夷虜」とは、朝廷軍と蝦夷《えみし》のことである。蝦夷とは、朝廷が東北の人々を蛮族として呼んだ蔑称である。官軍と蝦夷の二つを並べて、東北地方に攻め入ってきた朝廷軍も、残酷な刑に処された父も皆殺しにされた妻子らも、敵味方の区別なく、戦乱で亡くなったすべての人々の鎮魂を、清衡は鐘楼の鐘の音に託した。

この願文については写本しか伝わっていないため、中尊寺かあるいは毛越寺《もうつうじ》のものかという論争がある。また、草稿は京の貴族が書いたとされる。だが、「鐘声の地を動かす毎に、冤霊をして浄刹に導かしめん」という一文には、想像を絶する修羅場をくぐり抜けてきた清衡の、血を吐くような思いが込められているのではないだろうか。

中尊寺のほど近くにある毛越寺は、清衡の息子で奥州藤原氏二代目の藤原基衡《もとひら》が造営した寺院である。毛越寺は鎌倉時代の歴史書『吾妻鏡』に「吾朝無双」（我が国に二つとない）と書かれたほどの壮麗さを誇ったという。当時の堂宇は戦災や火災によってすべて失われたが、それらが面していた広大な大泉が池は、石組みや州浜、遣り水とともに保存され、往時の姿を偲ばせている。これが毛越寺庭園として現代に伝えられている。

毛越寺庭園は、平等院庭園に代表される浄土庭園の一つとされる。だが、その印象は平等院庭園とはまったく別のものである。池の広大さと、要所要所に築かれた石組みの雄渾さに圧倒される。

基衡が毛越寺を造営したのは、父・清衡と同じく、戦乱で亡くなった者の鎮魂という思いがあるだろう。また、京の都に劣らぬ壮麗な寺院建立による権力誇示という面もあるだろう。だが、それよりも強く感じることがある。

この庭園で最も目を引くのは、池の中ほどにある巨大な立石である。この庭園は平安時代の作庭の手引書『作庭記』の記述を忠実に再現していることでも知られているが、荒磯を模した高さ約二・五メートルの立石は、ただ作庭の基本に従っただけの存在だろうか。

東北地方は、前九年・後三年の役にとどまらず、古代ヤマト政権の時代から、支配地域拡大をもくろむ朝廷の侵攻を受け続けた。古事記や日本書紀で描かれたヤマトタケルの東国征伐、奈良時代末期から平安時代初期にかけての征夷大将軍・坂上田村麻呂らによる征討など、侵攻は繰り返された。侵攻が繰り返されたのは、自分たちの住む土地を死守しようとする東北の人々の抵抗が激しく、簡単には服従させられなかったからである。朝廷にとって東北の人々は

雪の中でも存在感を示す立石（著者撮影）

手強い「まつろわぬ人々」であった。

「中尊寺供養願文」の中には、次の言葉もある。

弟子は東夷の遠酋なり。

「弟子」とは清衡自身のことである。蝦夷とは、重ねていうが朝廷が東北の人々につけた蔑称である。自分はその蝦夷の流れを汲む者であると宣言しているのである。草稿を書いた京の貴族の言葉づかいのままかもしれないが、この宣言の意味するところは何か。それは、朝廷に対してへりくだっているように見せて、実は「私は辺境に住む蛮族を意味する『蝦夷』と名づけられた、朝廷に抵抗し続けた誇り高い人々の末裔である」ということではないだろうか。

その誇り高さを引き継ぐように、清衡の息子で毛越寺を造営した基衡は、「悪左府」と恐れられた左大臣・藤原頼長からの年貢増徴の要請を拒否し続けたという。

奥州藤原氏が持っていたこの誇り高さが、毛越寺庭園の立石の、獣が雄々しく頭をもたげているような姿に表れているように思うのだ。この石は、朝廷に敢然と立ち向かい続けた、東北の人々の独立不羈《ふき》の魂の象徴ではないだろうか。

奥州藤原氏は基衡の孫、泰衡《やすひら》の代で、源頼朝に攻め滅ぼされた。頼朝は奥州攻めで見た平泉の壮麗な寺院にならって、鎌倉に永福寺《ようふくじ》を建立した。永福寺の堂宇はすでにないが、発掘調査によって、池に面して阿弥陀堂などが建つ広大な浄土庭園があったことがわかっている。『吾妻鏡』によれば、永福寺の建立の理由は数万の怨霊を慰めるため、つまり戦乱で亡くなった者たちの鎮魂であった。頼朝は、寺院や庭園の壮麗さだけでなく、奥州藤原氏の怨親《おんしん》平等の思想をも受け継いだのではないか。

永福寺建立の約百三十年後、禅僧の夢窓疎石は、永福寺の傍らに庵を結んだ。永福寺の堂宇や庭園の様子、そしてその建立の思想を、夢窓は知っていたはずだ。夢窓はのちに京都で天龍寺の創建に関わる。天龍寺は、足利尊氏と対立した後醍醐天皇の菩提を弔うための寺であった。戦った相手を弔うということは、相手の尊厳を守ることだ。天龍寺の曹源池庭園には、天皇親政という理想に燃えて戦い続けた後醍醐天皇その人を象徴するかのような、豪壮な滝石組みがある。永福寺の庭園に、毛越寺庭園のような立石があったかどうかはわからない。だが、奥州藤原氏が寺院と庭に込めた怨親平等の思想と、戦い続けた者たちの不屈の精神は、敵味方の区別を超えて、後世へと受け継がれていったのではないだろうか。

天龍寺曹源池庭園　天皇の菩提を弔う

正中二年（一三二五）の春、禅僧・夢窓疎石は上総国の退耕庵にいた。大自然の中で修行を重ねて悟りを得たのちは、指導を受けたいという鎌倉幕府の招請や僧たちの来訪を避け、大自然の中で庵を結び、さらなる悟入に励んでいた。

その夢窓を、時の天皇、後醍醐天皇が京都・南禅寺の住持として招請した。夢窓は病気を理由に断った。後醍醐天皇はあきらめない。七月、今度は鎌倉幕府執権・北条高時を通して京都へ来るよう伝えてきた。法話だけ聞かせてくれればよいという。八月、夢窓は京都へ向かった。天皇はすぐ夢窓と会い、法話を聞き、南禅寺に住んではどうかと言った。夢窓は話が違うと思ったが、南禅寺を幽棲の場と考えればよいとの天皇の言葉に、招請を受け入れた。天皇は政務の合間をぬって月に三度ほども夢窓を召したという。翌年、夢窓は南禅寺を去り、熊野、伊勢を経て鎌倉に庵を結んだ。この庵の傍らに、源頼朝が奥州平泉の寺院にならって建立した永福寺があった。

その後も鎌倉幕府のさまざまな招請があったが固辞し、気に入った景勝地に隠棲を続け、自分の住む寺に、周囲の自然を巧みに取り入れた庭をつくっていった。一方で世は乱れ始めていた。後醍醐天皇は鎌倉幕府打倒、天皇親政を目指して元弘元年（一三三一）、元弘の乱を起こすが敗れ、幕府は天皇を隠岐に配流した。

だが後醍醐天皇はあきらめない。反幕勢力の勢いに乗じて元弘三年（一三三三）二月に隠岐を脱出、足利尊氏が天皇方に寝返り、五月に鎌倉幕府は滅亡、六月に天皇は京都へ戻った。そして六月十日、尊氏に命じて鎌倉の夢窓のもとへ勅使を派遣した。念願の武家政権打倒を果たして天皇親政を開始するにあたり、夢窓を再び京都へ迎えるためであった。

禅宗は鎌倉幕府が信奉した宗派だが、幕府滅亡後も禅宗の擁護は変わらないという天皇の意向を、夢窓は受け入れた。建武二年（一三三五）、天皇から「夢窓国師」の国師号が授けられた。

だが後醍醐天皇の「建武の新政」は、従来の政治をことごとくといってよいほど否定する独裁的な手法が公家・武士双方の反感と失望を招き、わずか三年で破綻した。尊氏は後醍醐天皇に反旗を翻して別の系統（持明院統）の天皇を立て、後醍醐天皇は吉野に逃れていわゆる吉野朝廷を開き、京都（北朝）と吉野（南朝）に天皇が並び立つ南北朝時代に突入する。

夢窓はどうしたか。建武三年（一三三六）、京都に幕府を開いた尊氏は、夢窓の仏弟子となった。新しい武家政権下でも禅宗は擁護されることになった。

暦応二年（一三三九）六月、夢窓は後醍醐天皇が鳳輦《ほうれん》に乗り、離宮・亀山殿に入る夢を見た。八月、天皇は吉野で亡くなった。『太平記』には天皇の末期の言葉、「玉骨はたとひ南山の苔に埋るとも、魂魄は常に北闕の天を望まんと思ふ」が記されている。

尊氏は後醍醐天皇の菩提を弔うための寺院建立を決定し、夢窓が開山に招かれた。それが現在の天龍寺である。ここはかつて離宮・亀山殿があった場所であり、亀山殿は後醍醐天皇が幼少期を過ごした場所だった。

幕府は創立まもない頃であり、また打ち続く戦乱もあって財政難だった。天龍寺の巨額の造営費を捻出するため、夢窓は中断されていた中国・元との貿易再開を進言した。幕府や朝廷からは反対意見も多かったが、夢窓は尊氏の弟の足利直義に勧め、貿易再開を決定させた。直義も夢窓の仏弟子だった。この時の貿易船が天龍寺船である。天龍寺船は莫大な利益を幕府にもたらし、康永二年（一三四三）、天龍寺の寺容はほぼ整った。

康永四年（一三四五）八月二十九日、天龍寺開堂法要と後醍醐天皇七回忌が催され、尊氏と直義が臨席、翌日には光厳上皇が臨幸した。夢窓七十一歳、後醍醐天皇に相まみえてから二十年の歳月が流れていた。夢窓は説法の中で次のように語った。

　おもうに、元弘このかた、この国はめちゃめちゃである。兵士が戦って生命をおとしただけではない、山川の鳥獣までがそのまきぞえをくらい、神社仏閣、貴賤の住居までが、あるものは戦火についえ、あるものは盗賊にこわされている。まこと、これ以上の災禍というものはあるまい。（中略）

今、征夷大将軍源の朝臣、ならびに左武衛将軍源の朝臣は、内に知恵の火がもえあがり、そのふしぎな働きを外にあらわして、慙愧の思いをあらたにし、罪業をおわびなされようとする。（中略）さきには、勅によって日本国中各州に一寺一塔をつくり、ひろく元弘以来の戦死傷亡者のすべての游魂をしずめ、悟りの道にすすませられ、さらに暦応年中には、とくに勅願によってこの離宮を禅寺に改め、先帝のための涅槃の道場とするべく、さらに将軍に造営を監督せしめられて、まだいくばくの年月も経ぬうちに、早くも完成をみている。（中略）

してみると、ものは最終的に否ではなくて、悪も善に変ずるのであり、法は固定した形をもたず、逆縁の方が順縁に転じたと知られる。これこそ、禍福は同じ根から出で、寃親は体を一つにする道理である。

（柳田聖山『日本の禅語録　第七巻　夢窓』より抜粋）

尊氏や直義が、戦没者を弔う安国寺と利生塔を全国に建て、さらに後醍醐天皇の菩提を弔う天龍寺を創建したことで、悪事も善事に変わるのだと説き、そこから、敵も味方もない「怨親平等」の思想を述べている。

天龍寺の庭、曹源池庭園は、亀山と嵐山を背に、禅寺とはいいながら前身は離宮らしく、優雅で美しい。大自然の中で悟りを得て、各地で庭をつくってきた夢窓の、周囲の自然を生かし

天龍寺　曹源池庭園　（写真提供：天龍寺）

た作庭の技が光る。

この優雅さの中に、岩山のような峻厳さを見せる滝石組み、龍門瀑がある。龍門瀑とは、中国の故事で鯉が三段の滝を登って龍に変ずるように、悟りを得るために努力し続けるという禅の教えを視覚化したものだ。

王朝の雅の中で育った後醍醐天皇は、和歌を好み、源氏物語に親しみ、琵琶の名手であったという。一方で「天皇御謀反」を起こすほどの気性の持ち主だった。後醍醐天皇の菩提を弔う寺につくられたこの庭は、天皇さながらに優雅さと厳しさを併せ持ちながら、一つの美の世界を形づくっている。


夢窓はなぜ営々と庭をつくり続けてきたか。夢窓にとって庭とは、自分を悟りに導いた大自然のように、すべてが調和して一つになった世界を自分の手で再構築したものであり、それは敵も味方もない怨親平等の心を表現したものだったのではないか。調和とは、互いの存在を許容し、引き立て合うことだ。夢窓がつくった西芳寺や天龍寺の庭では、庭を構成するすべてが互いを引き立て、全体として一つの美をつくり上げている。

天龍寺の創建から約七百年が経った。南北朝時代が終わっても、時代の移行期に戦乱は起こり、世界戦争で日本は一度、焦土と化した。今も世界は戦争の危機にある。自然破壊も止むことはなく、その反動として自然保護や動物愛護への関心は高まり続けている。

龍門瀑（写真提供：天龍寺）

そういう現代という時代において、天龍寺の庭を見るということは、乱世の中で平和を願い続け、鳥獣にまで慈愛の目を注いでいた禅僧、夢窓疎石の思いに触れて、七百年前の一人の禅僧の願いを受け継ぐということではないだろうか。天龍寺は何度か火災に遭ったが、庭は残った。七百年前の庭が残されていることの奇跡を、心に刻みたい。

金閣寺庭園　絶対王者の黄金世界

夢窓疎石が天龍寺に平和を祈る庭をつくったあとも、二人の天皇が並び立つ南北朝時代は終わりを見せず、戦乱は全国に広がった。室町幕府でも内紛が起こり戦乱に発展（観応の擾乱）、足利尊氏は幕府をともにつくった弟、足利直義を討伐するに至る。

観応の擾乱から四十年後、後醍醐天皇が吉野に朝廷を開いてから数えれば約六十年後、尊氏の孫で三代将軍・義満は南朝に講和を申し入れ、明徳三年（一三九二）、三種の神器とともに南朝方の天皇を京都へ迎え入れることに成功した。ここにようやく南北朝の合一が果たされた。

義満は将軍職を嫡男・義持に譲り出家したあと、政務の場であった室町第を出て、公家の西園寺家から譲り受けた地に山荘・北山第を営んだ。北山第は義満の死後、遺言により禅寺に改められ、義満の法号「鹿苑院殿」にちなんで鹿苑寺と名づけられた。金箔が貼られた黄金色の舎利殿にちなみ、通称を金閣寺という。

黄金色の舎利殿、金閣をつくった義満とは、どのような人物だろうか。

義満が生をうけたのは南北朝時代のさなかだった。幼少の頃、幕府内での政争に敗れた守護大名が南朝方について京都を占領、父の二代将軍・義詮《よしあきら》は北朝方の天皇を奉じて近江に逃れ、義満自身は少数の家臣に守られて播磨の赤松氏のもとに身を寄せた。この経験から、武家の棟梁の家に生まれながら、身をもって権力のもろさを知ったのではないだろうか。

将軍となってからは、守護大名の弱体化に力を注いだ。謀略で大名家の家督相続を混乱させた他にも、たとえば北山第の莫大な建設費用を大名たちに分担させた。それは徳川期の天下普請や参勤交代のように、大名の財政を圧迫して勢力を殺《そ》ぐ効果があったと思われる。また、朝廷から京都の裁判権と警察権、課税権を奪い、明と国交を樹立して貿易を推し進め、将軍職を退いた後は太政大臣となり、武家でありながら公家政治の頂点にも立った。貴族たちは義満を怖れて、天皇よりも義満に追従したという。

こうして義満は幕府の権力と財力の強化に向けて次々と手を打ち、また自身の権威を高めることに躊躇しなかった。

義満が居を移した北山第は、鎌倉時代に西園寺家の菩提寺と邸があった頃、菩提寺は浄土宗の寺院、庭は浄土庭園としてつくられた。北山第もそれを引き継ぎ、金閣と、金閣を鏡のように映し出す池（鏡湖池という）でもって極楽浄土の世界をつくり出した。池には日本国をあらわす葦原島、不老不死の神仙思想にちなむ鶴島と亀島、仏教の世界観である須弥山思想にもとづく九山八海石、大名たちから献上された奇岩などが並ぶ。義満は金閣の楼上から、これらを見下ろす形で眺めていたと思われる。

金閣の三層はそれぞれ違う様式である。一層目は公家の邸を模した素木《しらき》の広間、二層目は武家の書院づくり、三層目は禅宗様の仏殿とした。三層目の仏殿は「究竟頂《くっきょうちょう》」といい、室内にも金箔が貼られている。究竟とは仏教用語で「物事の最後に行き着く所。無上」という意味である。

さらに屋根の上には、これも黄金色に輝く鳳凰像が力強く立ち、羽を広げている。鳳凰とは伝説上の鳥で、聖天子が出現した時の瑞兆《ずいちょう》とされる。平等院鳳凰堂の鳳凰像は二体だが、金閣では一体である。ただ一体の鳳凰像は、公家も武家もその足下に従えた義満ただ一人を祝福し、義満による平和を讃えているようにも見える。

舎利殿に金箔を貼ったのは、一つには仏教でいう「荘厳《しょうごん》」のためだろう。荘厳とは、仏堂などをきらびやかに装飾することによって、仏への帰依の念の深さを表すことである。もう一つは、絶対的な権力者の地位に登りつめた義満が、きらめく黄金色によって、自分を荘厳しているということだ。つまり黄金色に輝く金閣も、それを映し出す池も、広大な庭も、破格で無上の権力者・義満を荘厳するためにつくられているのである。

応永十五年（一四〇八）三月八日、後小松天皇が北山第に行幸した。天皇は二十日間にわたって北山第に滞在し、数々の遊芸を楽しんだ。義満は寵愛する十五歳の美しい息子、義嗣《よしつぐ》とともに天皇を迎えた。旧暦三月といえば今の四月である。おそらく咲き匂う花々の下で、義満は人生最良の日々ともいえる二十日間を過ごしたことだろう。この二か月後の五月六日、義満は五十一歳で急逝した。

義満の死後、四代将軍・義持は、父・義満が君臨した北山第を顧みなかった。北山第は義満の遺言どおり禅寺・鹿苑寺となり、金閣は鹿苑寺の舎利殿として残され、応仁の乱でも焼けずに残った。

その金閣に、昭和二十五年（一九五〇）、大事件が起こった。鹿苑寺の修行僧に放火され、全焼したのである。作家の三島由紀夫はこの事件をモデルに代表作『金閣寺』を書いた。三島は小説の中で、放火される前の金閣を「豪奢の亡骸《なきがら》」と表現した。長い年月の経過の中で、すでに金箔は剝げ落ち、金閣は往時の美しさを失っていたのである。

放火五年後の昭和三十年に再建されたが、金箔は再び剝がれ始め、昭和六十二年（一九八七）、七億四千万円（当時）をかけた改修が完了、現在見るような金色燦然たる金閣となった。それは「豪奢の復活」であった。

再建時の昭和三十年とは高度経済成長を歩み始めた頃であり、改修が完了した昭和六十二年とはバブル景気の最中だった。豪奢とは、並外れて贅沢なことをいう。「昭和六十二年の改修」では金箔を貼る糊の役目をする漆も特別のものが使われ、金箔は今度こそ簡単に剝がれないように、再建時の五倍の厚みのものが貼られた。金箔の総量は二十キログラムに達し、再建時の十倍であった。

豪奢の復活が、並外れて贅沢な時代だったバブル期に行われたのは偶然だろうか。最高の美を求める義満の執念が、六百年後、日本人が贅を尽くすことをためらわない時代を待って、華麗な金閣を復活させたと思えてならない。改修以降は随時、屋根の葺き替え、金箔の一部貼り替えが行われ、最高の美は維持され続けている。

バブル景気の余韻が残っていた平成六年（一九九四）、京都で平安建都千二百年記念事業が行われた。当時の流行作家がオフィシャルポスターに描いたのは、金閣だった。日本人が平和の中で繁栄を謳歌している時、そこにはいつも金閣の存在が浮かび上がってくる。

夢窓疎石は南北朝動乱の始まりに、天龍寺に平和を祈る庭をつくった。その約六十年後、義満は南北朝合一という和平を実現させた。天龍寺の庭と金閣寺の庭は、南北朝の始まりと終わりを象徴する庭であり、師と孫弟子という仏縁で結ばれた二人の記念碑でもあろう。和平を成し遂げたあと、義満への権力の集中によって戦乱のない時代が到来し、輝かしい黄金世界が生まれた。

そして令和の今、金閣寺は外国人観光客であふれかえっている。彼らはこぞって金閣と鏡湖池を背景に写真を撮る。義満がつくった黄金世界は、自らが築き上げた権力の証しであると同時に、平和と繁栄こそが、時代も国境も超えて多くの人々を魅了する華麗な美を生み出すことを物語っていると思うのだ。

大阪城石垣　泰平の世の礎

安土城址を見に行ったことがある。駐車場で車を降りて視線を上げた先に見えたのは、地面から垂直にそそり立つ石づくりの建造物だった。近づいていくと、それは一直線に急勾配で伸びてゆく長い石段、大手道だった。離れた場所からは地面に屹立《きつりつ》する建造物のように見えたのである。最短距離で天に上りつめようとするかのような石の道に、織田信長その人の志向を見たような気がした。

その志向とは何か。信長の前半生は尾張一国の統一に費やされた。織田氏一門の勢力争いを勝ち抜いたと思ったら、次は弟を主君にしようとする家臣の反乱が起こった。反乱は制圧したが、その果てに弟を殺害した。尾張統一のあとは他国からの侵攻が待っていた。国の内でも外でも、争いが果てしなく続く戦国の世。これに終止符を打つにはどうすればよいか。自分が圧倒的な権力者となり、強権でもって戦乱を未然に防ぐ社会をつくり出すことである。信長の築いた城は、それまでの常識であった横に広がっていく館城《やかたじろ》とは違う、天守を頂点とした求心的な城だった。それは自分を頂点として統一された社会を視覚化したものであり、安土山の頂上にそびえ立つ城の天守は、信長の権力の象徴だった。その意味で、前節で取り上げた足利義満の権力の象徴である黄金色の舎利殿、金閣と同じ性格のものだったといえよう。

大阪城　本丸東側の石垣（著者撮影）

しかも信長は急いでいたと思う。桶狭間で今川義元を破った時、信長は二十七歳、人生五十年とすればすでに半分を過ぎていた。自分が生きているうちに戦国の世を終わらせなければ。一直線に伸びてゆく大手道から感じられる性急さは、桶狭間の戦い以降の信長の苛烈な戦いぶりを連想させる。

そして石垣である。安土城の石垣は、近江を本拠とする石積みの専門集団・穴太衆《あのうしゅう》によって築かれた、それまでにない高さの石垣、高石垣だった。その高石垣を城全体にめぐらし、大手門などの目立つところに巨石を置いた。ここにも信長の志向――圧倒的な力を見せつけて敵の戦意を失わせ戦乱を未然に防ぐこと――が感じられる。

信長は元亀元年（一五七〇）から大坂の石山本願寺を攻め続けていた。信長が「日本一の境地」と讃えたように、大坂は台地の上の天然の要害であり、海に面していて港があり、川が縦横に流れ、朝廷のある京都や商人のいる堺に近いという抜群の地勢を誇っていた。天正八年（一五八〇）、本願寺はついに大坂から撤退し、十年の歳月をかけて信長は大坂を手に入れた。だが天正十年（一五八二）、本能寺の変で命を落とす。織田軍の部将の一人であった豊臣秀吉は、信長の息子や同輩を退けて後継者となり、石山本願寺の跡地に、安土城と同じく天守と高石垣を持つ城、大坂城を築いた。

秀吉は慶長三年（一五九八）に病没した。関ケ原合戦、大坂冬の陣を経て慶長二十年（一六一五）、豊臣氏は大坂夏の陣で滅亡する。徳川幕府は秀吉が築いた大坂城を破却し、その

大阪城　桜門枡形の蛸石（著者撮影）

上に新しい大坂城を築いた。石垣も含めてである。現代の私たちが目にしている石垣は、徳川幕府の天下普請による石垣である。

徳川期大坂城の石垣の特徴は、まずその規模である。総延長約十二キロメートル、最も高い本丸東側の石垣は堀底の根石から三十四メートル、水面からでも二十五メートルと日本で最も高い。

そしてもう一つの特徴は、とてつもない巨石が使われていることだ。最も大きいとされているのは、桜門枡形にある畳三十六畳敷の大きさを誇る通称「蛸石」である。高さ五・五メートル、幅十一・七メートル、重さ約百八トン。まさに息を呑む大きさである。

安土城の石垣、豊臣期大坂城の石垣は、自然石を使った野面積《のづらづみ》だった。この二つの城とは違う、徳川期大坂城の、切り石を使った緻密な石垣の積み方に、下克上を許さず、新たな戦乱を許さず、幕藩体制によって朝廷も含めて日本全国を緻密に支配していこうとする徳川幕府の志向が感じられる。それは、信長から始まった、絶対的な権力によって泰平の世を実現させるという志向の、究極の姿だ。

だがその一方で、安土桃山時代の豪放な気風が随所に残っているように思う。緻密でありながら、要所要所に目をみはる巨石を使ったメリハリの利いた美しさ。緻密と豪放という矛盾した美しさが、この石垣の魅力だ。それは安土桃山時代から江戸時代へ、戦国の世から泰平の世へ、革新的で闊達な社会から管理社会へと向かう「移行期」という時代の様相を、この石垣は

令和の大阪城天守と石垣（著者撮影）

如実に映しているからだ。

大坂夏の陣のあと、徳川幕府は一国一城令を出し、諸大名に新たな築城を許さなかった。信長の安土城から始まった天守と石垣を持つ城づくりが、秀吉の大坂城を経て、徳川期大坂城で極まった。ここから約二百六十年にわたって戦乱のない時代が続いた。今私たちの目の前にある石垣は、泰平の世の礎となったのだ。

そして、忘れてはならないのは、この石垣が築かれるまでに払われた途方もない犠牲である。約二百六十年の安寧を得るためにどれだけの血が流されたか。そのことを象徴するように、この石垣の下には豊臣期の石垣が埋め殺しにされている。

今、大阪城には世界中から観光客がやってくる。さまざまな国の人たちが天守と石垣を背に和やかに過ごしている姿を見ると、この石垣が完成するまでの壮絶な歴史と、それによって築かれた平和の尊さが際立ってくるのである。

栗林公園　緑の浄土

慶長二十年（一六一五）の大坂夏の陣の直後、徳川幕府は一国一城令を出し、大名の居城以外の城は破却することを命じた。新しい城の造営を禁じられた大名たちは、領地に広大な庭をつくり始めた。日本各地に残る大名庭園がそれである。

香川県高松市の栗林《りつりん》公園は、高松藩下屋敷「栗林荘」を前身とする。国の特別名勝に指定されている文化財庭園の中で最も広い、二十三万坪という広大な庭園である。

栗林公園は松で有名だ。約千四百本の松のほとんどが黒松だ。黒松は潮風に強く日当たりを好む。常緑樹の松は不老長寿の象徴として庭や盆栽など多くの場で用いられてきたが、ここではまず何よりも、海に面し日照時間が長いという瀬戸内海沿岸地域の風土に合った樹木なのである。

松とともに印象深い樹木は蘇鉄である。特に薩摩藩から贈られた琉球産の蘇鉄が群生している「鳳尾塢《ほうびう》」という一角は圧巻である。蘇鉄も、潮風に強く日当たりを好む。蘇鉄は武将に好まれ、室町時代後期から江戸時代にかけて、武将がつくった庭に多く植えられた。その異国情緒とともに、雄々しさと猛々しさが武将たちに好まれたのだろう。栗林公園では、蘇鉄は自ら

栗林公園　飛来峰からの眺め　（著者撮影）

栗林公園の松（著者撮影）

蘇鉄の群生「鳳尾塢」（著者撮影）

の特性に合った風土の中で生き生きと、南国生まれ特有の開放感を発散している。

これらの陽光に輝く緑の中に、「一歩一景」といわれるほど数多くの見どころが次々と展開していく。その目くるめく感覚は桂離宮を思わせるが、この庭はもっとおおらかで、自然そのものの力強さが迫ってくる。数多くの池は、木々の緑を映して濃い緑色だ。池の緑色に錦鯉の赤色が映える。

その他にも、自然の岩盤を生かした石壁（『三国志』の「赤壁の戦い」にちなんで赤壁ともいう）の勇壮さ、庭の出発点となった小普陀《しょうふだ》と呼ばれる石組みの緊密さ、南湖と呼ばれる広大な池に面した茶屋の、周囲の自然に溶け込む優しさなどを味わいながら、園内随一の絶景を望む飛来峰にたどり着く。飛来峰からの眺めに、野趣と洗練が渾然一体となった栗林公園の美が凝縮されている。

飛来峰から見える南湖に、仙磯《せんぎ》という石組みがある。この小さな石組みによって、広大な南湖が引き締められている。石の大きさ、数、色、角の鋭さ、立てられた位置のいずれも過不足なく、画龍点睛《がりょうてんせい》のごとく、この絶景を絶景たらしめている。

栗林公園の、この野趣と洗練の渾然一体ぶりはどこから来るのだろうか。

高松藩初代藩主・松平頼重は徳川御三家の水戸家の出で、三代将軍・家光のいとこに当たる。また、歴代藩主の江戸城での控え席は諸藩の中で最も格式の高い「溜《たまり》の間」であった。幕

仙磯（著者撮影）

府の中枢に近い藩として経済的に余裕があり、また、都会的な洗練を知る機会が多かったのではないかと思う。

そして最も大切なことは、歴代藩主が讃岐（香川県の古称）を愛していたことではないだろうか。大名庭園とは、庭という形を借りて大名という権力者が力を誇示する場でもあると思うが、栗林公園はそれを超えている。讃岐という国の明るいおおらかな国柄が、江戸時代という封建時代の重苦しさをしのいでいるのだ。讃岐の自然、歴代藩主による洗練、それを支える経済力が、最も幸福な形で融合しているのが栗林公園ではないだろうか。

それを特に感じるのは、紫雲山を借景とした庭の眺めである。自然の山がただそこにあるだけでも、人間がつくった庭がただそこにあるだけでも、この美しさは完成しない。借景とは、自然の美しさを、人間が庭をつくることによって引き出して、自然と庭の両方を引き立て合うことだ。栗林公園を見ると、借景の本質とはこれなのだと気づかされる。そしてそれが庭というものの本質ではないだろうか（カバー写真参照）。

讃岐は、真言宗の開祖、弘法大師空海上人の生まれ故郷だ。仏教用語に「荘厳」という言葉がある。その意味の一つは、仏像や仏堂をきらびやかに装飾することによって、仏への帰依の念を目に見える形で表すことだ。一般に真言宗寺院の内陣は、金色にきらめく装飾で荘厳されている。その華やかなきらめきの中に、哲学者の梅原猛氏が書いたように、世界を否定するのではなく肯定する空海上人の思想が息づいていると思う。栗林公園は、華やかで洗練された庭によって、讃岐の自然を荘厳しているように感じる。

真言宗では、浄土は空の彼方にあるのでもなく、死後の世界にあるのでもない。力を尽くして今ここを浄土とするのだ。栗林公園では讃岐の自然を荘厳するかのような庭づくりが営々と続けられてきた。それは自然への帰依の証しである。その意味でこの庭は、「緑の浄土」ともいえる庭ではないだろうか。

平安神宮神苑　京都市民のために

平安神宮とは、平安遷都千百年を記念して創建された神社である。禁門の変など幕末の動乱で市中を焼かれ、さらに明治政府によって天皇まで東京へ連れていかれた京都。天皇とともに公家や有力商人も東京へ行き京都の人口は激減、「いずれ狐狸の棲みかになる」とまで言われた。新政府が進める近代化のもとで、千年の都は存亡の危機にあった。

しかし、京都市民はただ衰退に身を任せてはいなかった。それぞれの立場で、自らを近代化していったのである。教育においては日本初の小学校の開校、女性教育機関「女紅場《にょこうば》」の設立、大阪からの三高（のちの京都大学）誘致、同志社や立命館など私学校の開校などがあった。産業面では京都府によって織物業など伝統産業の制度改革が進められ、西陣の職工たちが「京都府勧業留学生」として欧州へ渡り、先進技術の導入に励んだ。

京都復興政策中の白眉は琵琶湖疏水事業である。京都に隣接する滋賀から琵琶湖の水を送る構想は明治以前からあったが、難工事を実現させる資金も技術もなかった。だが皮肉にも、近代化推進によって西洋から土木技術が導入されたのである。第三代京都府知事の北垣国道は就任当初から疏水の必要性を提唱、工部大学校の卒業論文に「琵琶湖疏水工事の計画」を偶然書いていた年若い田邉朔郎《たなべさくろう》を京都府に採用し、四年をかけて着工にこぎつけた。日本最長（当

平安神宮神苑　臥龍橋（著者撮影）

時）のトンネル掘削など予想を超える難工事に殉職者まで出しながら、五年後の明治二十三年（一八九〇）、第一疏水が完成した。お雇い外国人の手を借りずに日本人だけで完成させた、初の事業だった。その後は疏水の水を使った日本初の水力発電が生まれ、それを動力源に、これも日本初の路面電車が京都を走り、新しい産業が生み出されていった。

平安神宮は、そうした血のにじむような努力と犠牲の上に獲得した「京都の近代化」の、一つの区切りとなる平安遷都千百年紀念事業として創建された。その神宮に、庭がつくられることになった。社殿周辺の風致保存や防災のためであったという。

平安神宮は平安京の正庁、朝堂院を八分の五の規模で再現したもので、古来の神社建築ではない。祭神は平安京遷都を成した桓武天皇である（のちに幕末期の天皇、孝明天皇が合祀される）。つまりここは神社とはいいながら、御所なのだ。平安神宮神苑はまず、天皇の住まいである御所の庭としての意味を持つと思われる。

その天皇の庭を、京都で造園業を営む七代目小川治兵衛（以下、植治）が任された。植治は明治の元勲・山縣有朋が京都・岡崎に造営した無鄰菴の庭を手がけていた。「山縣さんへ行て居る植木屋を呼べ」ということで植治が選ばれたという。なぜか。それは、自然の美が生かされた無鄰菴の庭に、千年かけて磨かれてきた京都本来の美意識――天皇を頂点とする王朝文化の美意識――と通じるものが表れていることを、京都の人々は感じ取っていたからではないだろうか。

平安神宮神苑　栖鳳池（著者撮影）

王朝文化の美意識の真髄は、武家文化のような権威の誇示ではない。生まれながらに帝王である天皇は、ことさら権威を誇示する必要はない。天皇がひれ伏すのは、この世に恵みをもたらす自然――神だけである。だからこそ天皇は天の子、「天子」なのだ。自然への畏敬の念の表出こそが王朝文化の真髄であり、無鄰菴でそれを表現した植治が、天皇に捧げる庭の庭師に選ばれたのだと思う。

約一万坪に及ぶ広大な庭は、南神苑・西神苑・中神苑・東神苑に分かれ回遊できるようになっている。植治は琵琶湖疏水の水を引き込み、池を穿《うが》ち、うすい流れを苑内にめぐらせている。神苑の入口近くに咲くのは紅枝垂れ桜である。この桜は、京都の公家、近衛家の邸の桜を津軽藩主が持ち帰って育てたとされ、神宮創建にあたり仙台市長から苗木が寄贈されたという。ということは、現存最古の『洛中洛外図屏風』に描かれている「近衛邸の糸桜」と同じ桜ということになるのだろうか。この屏風は室町時代に細川高国の発注で制作されたと推定されているが、屏風に描かれるほど、すでに糸桜は有名だったということだろう。何百年にわたって生きてきた京の都の美が、まず訪れる者を迎えてくれる。

八ツ橋が架かる西神苑を通って中神苑に至ると、「臥龍橋」と名づけられた飛び石状の軽快な橋が現れる。三条大橋、五条大橋の架け替えで出てきた石材を使ったものだ。神苑造営の予算が厳しいため石材を再利用したという経緯はあるが、植治は京の町衆が渡ってきた橋の記憶を、庭の中に封じ込めた。

庭と庭を結ぶ苑路は背の高い木々におおわれ、昼でもうす暗い。苑路を通り抜けて最後の東神苑に至ると、栖鳳池《せいほういけ》という大きな池が眼前に広がる。鶴島・亀島が浮かび、屋根に鳳凰をいただく楼閣のある橋、泰平閣が架かっている。池の向こうには東山が見え、暗い苑路から抜け出した開放感を一気に味わうことができる。回遊式庭園の醍醐味の一つである。

神苑は、神宮に付随した庭として、まず祭神である天皇に捧げられた庭といったが、この庭は（料金を払えば）誰でも入ることができる。岡崎界隈の別荘の庭を次々と手がけていく植治だが、神苑は、京都市民を念頭に誰でも楽しめる庭ということを意識してつくられたのではないかと思う。

京都は千年の都であった。都とは政権の中心地であり、政権をめぐる戦乱を免れることができない場所である。その被害を最も受けるのは、京の町衆だった。幕末維新でまた荒廃し、天皇まで去り、今や京都は首都ではなくなった。だがその苦境を、多くの犠牲を払いながら自らを近代化させることで乗り越えた。神苑は、歴史の中で何度打ちのめされても立ち上がる、本当の勇者たちのために、植治が捧げた庭ではないだろうか。栖鳳池に至るまでの数々の花、松、石、そして池に浮かぶ鶴島・亀島は、町衆すなわち京都市民を讃えているのではないだろうか。

神苑入口の紅枝垂れ桜は、谷崎潤一郎の代表作『細雪』の中で、実に印象的に描かれている。主人公の大阪の商家の四人姉妹は毎年、京都で泊りがけの桜見物をする。彼女たちが最後に目指すのは、どこの桜でもない、神苑の紅枝垂れ桜である。

　彼女たちがいつも平安神宮行きを最後の日に残して置くのは、この神苑の花が洛中に於ける最も美しい、最も見事な花であるからで、円山公園の枝垂桜が既に年老い、年々に色褪せて行く今日では、まことに此処の花を措いて京洛の春を代表するものはないと云ってよい。

（谷崎潤一郎『細雪』より）

この小説を原作とした市川崑監督の映画『細雪』では、前半のクライマックスとして、神苑での桜見物のシーンが登場する。映画『細雪』のスチール写真といえば、このシーンである。彼女たちは大阪の商家の娘たちだ。大阪と京都という違いはあるけれど、彼女たちは、貴族や権力者ではなく町衆の末裔である。町衆の末裔が見にいくのは、町衆のためにつくられた庭の桜なのだ。

平安神宮の創建から百年を超え、神苑には京都市民だけでなく国内外から多くの人が訪れるようになった。京都は今や、日本の京都にとどまらず世界のＫｙｏｔｏである。権力者ではなく京都市民に捧げられた庭だからこそ、世界の誰もが訪れる庭となったのではないだろうか。

慶沢園　大阪の豪気

平安神宮神苑の仕事のあと、植治を待っていたのは、住友家十五代家長、住友友純（春翠）との出会いであった。

住友家は、江戸時代に銅の精錬で繁栄を築いた豪商、近代から戦前にかけては三大財閥の一角、戦後は関西および日本を代表する一大企業グループの創業家である。友純は公家の徳大寺家の出身で、兄に内閣総理大臣などを歴任した西園寺公望がいる。明治二十五年（一八九二）、二十九歳の時、家長父子を立て続けに失った住友本家の養嗣子となり本家の長女と結婚、翌年に住友家家長となった。

友純は平安遷都千百年紀念祭協賛会の評議員だった。おそらく神苑を見たであろう友純が、住友邸の庭づくりを植治に依頼したものと思われる。

住友家の本邸は江戸時代から長らく大阪・鰻谷《うなぎだに》にあったが、そこから上町台地の南にある茶臼山に本邸を移すこととなり、植治はその庭を任された。

植治の談話を掲載した『續々江湖快心録』には次のような言葉があるという。

……總地坪が四萬坪で其半分の二萬坪は庭園になるのでございますから、昔なら秀吉公の

慶沢園（著者撮影）

仕事どすな。私の行つたのは昨年からですが、全部任すといふことで先づ三年位はかゝりませう。何分大阪城を築いた地勢ほどあつて、庭石でも四國からどん〳〵五千貫、七千貫といふのが何百と知れん程集つてます。あれが出來れば關西第一で、岡山公園などとても及びますまい。

（『住友春翠』より）

その庭、慶沢園は、植治の言葉どおり、至るところに巨石があるのが印象的だ。大きな池に中島を二つ浮かべ、四阿《あずまや》、茶室、灯籠（兼六園の琴柱灯籠によく似た灯籠がある）などが配され、庭の奥には巨石を組んだ滝がある。桜やつつじ、睡蓮など季節ごとに花が咲くが、男性的な黒松が目を引く。そして「慶沢園」と刻まれた石碑が建つ庭の入口、つまり庭の顔ともいえる場所には、蘇鉄が植えられている。

池の手前には公家出身の友純を思わせる王朝風の州浜が広がり、植治の庭に特有の沢飛び石も打たれているが、何よりもこの庭の特徴は、安土桃山時代の庭のような豪気さにある。

その豪気さとは、銅の精錬から数々の事業を起こし「大坂に比肩するものなし」と言われた豪商、また明治維新という変革期を乗り越えて事業の近代化に成功し大財閥となった大阪商人・住友の豪気、さらに、その住友を育てた町・大阪の豪気であろう。

植治は「何分大阪城を築いた地勢ほどあつて」といった。地勢とは、地形のあり様をいう。織田信長の一代記『信長公記』に「大坂は、凡《およ》そ日本一の境地なり」という言葉がある。今の大阪城がある辺りにはかつて石山本願寺があり、信長はこの地を得るために十年かけて石山合戦を続けた。上町台地という高台にあって、奈良・堺・京都に近く、市中を河川が流れ、さらに港があるという商業都市としての優位性を、信長は見抜いていた。信長亡き後は秀吉が大坂城を築いて城下町をつくり、それを土台に江戸時代、大坂は日本一の商業都市として発展した。

また、昭和初期の大阪で御堂筋の拡幅など都市大改造計画を実行し、「知るも知らぬも大阪の関」と謳われた大阪市長、関一《せきはじめ》は、大阪の空気は東京よりはるかに自由であり、この自由は秀吉が基礎を築き江戸時代に発達した「町人の都」から生まれ、その空気の中で「企業的精神」も発達したと述べている。為政者たちは大阪の町の性質を見抜き、ふさわしい都市政策を施していった。

植治はただ地形のあり様をいったのではなく、恵まれた地形によって豊かさを生み出してきた大阪という町の性質を、見抜いていたのではないだろうか。日照を好み乾燥に強い黒松や蘇鉄は大阪の気候に合った樹種ではあるが、植治が大阪の豪気を読み取り、黒松、蘇鉄そして巨石という、力強さを前面に押し出した景物を選んだと思うのだ。

植治が庭師として優れている点は、施主が何を望んでいるか、その庭はいったい何のためにつくられるのかを察知する力とともに、庭がつくられる場所の地勢——地形や気候風土だけでなく歴史も含めて——を、的確に読み取る力ではないだろうか。無鄰菴、平安神宮神苑にしても、植治のその力を感じる。

この豪気な庭で、たびたび園遊会が開かれ、皇族や政府要人らが歓談し、また住友で働く人々やその家族が招かれた。しかし大正十年（一九二一）、友純は茶臼山一帯を、市立美術館の建設用地を探していた大阪市に寄贈するのである。

住友本家が茶臼山に土地を購入した当初、一帯は人家もまれな静かな場所だった。それが茶臼山近くの天王寺で内国勧業博覧会が開催され、その跡地開発によって、天王寺は次第に繁華街へと変貌していった。また米価高騰に端を発した米騒動が勃発するなど、世情は不安定になっていた。神戸の鈴木商店が焼き打ちされたのもこの頃である。住友でも労働争議が起き、すぐ近くの天王寺公園では労働者の集会が開かれ、茶臼山の本邸も襲撃の恐れから警官が配備されることもあった。

それらを考慮してのことか、住友本家は大阪から出ていった。建物は解体して神戸の住吉別邸（のちに本邸）として移建したが、庭は置いていった。それはそうである。慶沢園は大阪の豪気を表した庭なのだから。本邸の跡地には今、大阪市立美術館が建っている。

結局、神戸の住吉からも住友本家は出ていき、友純は植治の勧めで、生まれ育った京都に土地を買い、のちに本邸とした。ここにも植治の庭がつくられ、有芳園と名づけられて今に至っている（一般には非公開）。

有芳園は、慶沢園とは違う繊細優美な庭である。黒松ではなく赤松がふんだんに使われ、細

慶沢園越しに望む大阪市立美術館（著者撮影）

あべのハルカスを借景とした慶沢園（著者撮影）

やかに手入れが行き届いている。友純の生活態度は端正を極め、たとえば列車の中では正座を崩さず、自動車の中では決して背もたれにもたれず、着物の襟もとは頻繁に手で直すのですぐに擦り切れたという。有芳園こそが、友純の化身のような庭であろう。それを京都の庭師・植治がいかにも京都らしくつくり上げた。この庭を見ると、慶沢園が表す大阪の豪気が、より鮮明に見えてくる。

大阪市民の庭となった慶沢園は、百五十円で誰でも見ることができる（令和六年〔二〇二四〕三月末現在）。だが訪れる人は多くはない。百五十円でも現代の大阪人は惜しいのだ。かつて豪気な商人の町だった大阪は、いつの間にか庶民の代表のような町になり、美をつくり出す財力も美を愛でる心も失ってしまったかのようである。しかもそれを悲しむ人は少ない。

しかし近年、その慶沢園が少し生き返ったように思う。それは天王寺にあべのハルカスができたからである。平成二十六年（二〇一四）に完成したあべのハルカスは、近畿日本鉄道を中心とする近鉄グループが「大阪から新たな日本一を」という気概で建てた、高さ三百メートルという完成当時は日本一であった超高層ビルだ（令和五年〔二〇二三〕十一月に東京・麻布台ヒルズ森ＪＰタワーに三十メートル抜かれた）。

そのあべのハルカスを、慶沢園からは借景のごとく仰ぎ見ることができる。

初めてその景色を見た時、この庭が急に精彩を放ち出したように感じた。それはこの庭が本来持っていた豪気と、日本一の超高層ビルという豪気が共鳴したからだ。あべのハルカスは久々に現れた、大阪の豪気なのだ（完成から約十年で抜かれてしまったが）。

住友グループの企業は、平成に入ってから本社を次々に東京へ移した。大阪に本社があるのは今や住友電気工業一社のみである。それも時代の流れだ。地域を離れることができない鉄道会社が、大阪の豪気を受け継いだといえるのではないだろうか。

慶沢園は、江戸時代の豪商の流れを引く大財閥・住友がつくり、昭和初期の近代建築である大阪市立美術館と、平成の超高層ビル・あべのハルカスを借景に持ち、しかも稀代の庭師・植治がつくったという、他にはない歴史を持つ庭である。しかも上町台地にある。上町台地とは大阪を南北に走る台地であり、北には古代の都・難波宮跡があり、かつて存在した難波津から遣唐使が旅立った。大阪城はこの宮跡のすぐそばにある。南に下れば聖徳太子が創建した日本最初の官寺、四天王寺が控える。大阪の歴史が集約されている地に、「天下の台所」といわれたほどの商都・大阪の繁栄の息吹が、庭という形で残されているのだ。大阪にかつて横溢《おういつ》していた豪気が宿るこの庭の貴重さを、もっと多くの人に知ってほしい。誰よりも大阪人に。

（慶沢園の写真はいずれも令和四年（二〇二二）一月撮影）

万博記念公園　「モーレツ」の先の未来

昭和四十五年（一九七〇）、大阪でアジア初の万国博覧会（万博）が開催された。戦後の焼け野原から経済大国へ邁進し、高度経済成長を成し遂げた日本。その象徴的なイベントが昭和三十九年（一九六四）の東京オリンピックと、この大阪万博だった。

万博は大阪・千里丘陵を切り開き、「人類の進歩と調和」をテーマに近未来のテクノロジーを先取りしたパビリオンが建ち並び、国内外から多くの来場者を集めた。

その万博会場には日本庭園もつくられた。政府出展施設として当時の造園界の総力を結集し、近未来社会を表現したパビリオンに対して、自然の憩いの場を提供する役割を果たしていたという。

パビリオンは撤去されたが、日本庭園は万博記念公園の一部として残された。日本庭園を端から端まで歩くと、驚かされるのはまずその広さである。庭園の面積は二十六ヘクタールに及び、東西一キロを超える細長い地形に上代・中世・近世・現代と四つの庭園様式が次々と展開していく様は、さながら日本庭園のテーマパークのようである。

一つ一つの庭は、万博開催当時の日本を代表する作庭家たちによるものだ。だが、その庭よりも心を奪われたのは、庭と庭をつないでいく、これでもかと言わんばかりに延々と続く石の群れだった。
かつて天下人が行った「名石狩り」のように、日本中の石を集めたのではないかと思わせるおびただしい数、しかもかなりの大きさ、そして形の良さである。そこから感じられるのは、高度経済成長期の「勢い」だ。ここには「モーレツ」（猛烈）という形容詞に象徴された時代の空気が封じ込められていると感じた。延々と続く石の群れは、敗戦からわずか二十年余りで世界第二位の経済大国に駆け上った日本の、その疾駆の跡である。

しかし、この日本庭園を含む広大な万博記念公園が伝えるものはそれだけではない。

百万坪という広大な万博跡地をどうするか。各方面から案が出された。研究機関の集積地、有事の際の行政府、交通の便を生かした流通センターなどである。その中で大阪市は、開催地決定当初から跡地を全域公園とする案を主張した。
万博閉会後、中馬馨《ちゅうまかおる》大阪市長は大蔵大臣の諮問機関「万国博覧会跡地利用懇談会」において次のように発言した。

三〇万坪、四〇万坪の公園なら市内にも造れます。しかし規模の価値はきわめて重要です。一〇〇万坪になれば、周囲が市街地化しても小鳥が群れて集まる自然を留めます。

（中略）日本でも、外国の場合でも、都市生活をどうにか救済しているのは、昔の王侯貴族の造った大庭園が公園として残っているからです。しかし現在王侯貴族はいません。国民のために空地やオープンスペースを確保することは、民主政府の国家的な大きな責務じゃないかと考えているしだいです。

（黒田隆幸『月の石――都市復権にかけた中馬馨　命の軌跡』より）

なぜ中馬は万博跡地を全域公園とすることにこだわったのか。それは大阪という町の来歴に関わりがある。

大阪は古くから都市として開発が進んだ町である。特に大正から昭和初期にかけては工業都市として発展、当時の工業生産額は全国一位だった。しかしその反面、市内は工場と住宅で過密化、空は工場の煙に覆われ、川は工場と家庭の排水で汚染が進み、高度経済成長期に深刻化する公害の兆候がすでに表れていた。

当時の市長は名市長と謳われた関一であった。関は大正十四年（一九二五）、農村地域を含めた市域の拡張を断行、それは市域の半分を住宅や工場のない非建築地域として確保する必要があるという信念に基づいていた。関は論文「都市の緑化」の中で、非建築地域を「自由空地」という言葉で表現した。それは建物に付随しない、公園や樹林地などの緑色地帯であるとした上で、次のように述べている。

此儘で進んで行けば結局大都市は國民の墳墓であるといふルツソーの豫言を實現する外ない。そこで我々の住居し得べき都市を建設する第一の條件は如何にして綠色地帯を保留し得る乎である。自由空地は建物なき殘存物ではない。在つても無くてもよい猫の尻尾ではない。市民生存の第一要件である。

中馬は市役所に入ってすぐ秘書課に配属され、関に親しく接した。中馬は関の「自由空地」という言葉を心に長く留めていたという。

昭和三十八年（一九六三）、高度経済成長期の只中で、中馬は大阪市長に就任した。地下鉄や道路などの都市インフラ整備に邁進する一方、公害問題と都市の緑化にも熱心に取り組んだ。市長就任の翌年に「緑化百年宣言」を発表して緑化運動を開始、代表的な例が大阪城公園東側の「市民の森」である。太平洋戦争末期の大阪大空襲で破壊され更地のまま放置されていた砲兵工廠の跡地に、市民や企業による植樹を推進し、五年かけて森林公園とした。なお、大阪城公園は戦前、関市長時代につくられた公園である。

日本の中でいち早く工業都市として発展し、発展の代償としての負の側面もいち早く抱え込んだのが大阪という町である。その大阪の市長だからこそ、関も中馬も、人間が「緑」すなわち自然をいかに必要としているかを痛感していた。万博跡地を全域公園にするという主張には、関から中馬に受け継がれた信念が一筋に貫かれていたのではないだろうか。跡地利用懇談会は万博跡地を「緑に包まれた文化公園」とすると答申した。

答申に基づき、昭和四十七年（一九七二）に策定された基本計画の基本理念には、次のように記されている。

……「緑」とは、人類の著しい技術的進歩の中で忘れられ、失われつつある自然環境の総称と考える。今日、緑に求められているのは単なる慰めではなく、人間の生活環境を維持することである。人間の活動と自然の緑の環境には互に調和した共存関係が必要であり、我々の活動が瀕死に陥れた自然生態のいくつかを、人間の知恵と技術によって復活させ維持する方法が緊急に追求されるべきである。そのためには、長期の実験が必要となろう。

（日本万国博覧会記念協会他『万国博覧会記念公園基本計画報告書〈計画編〉』より）

万博の開催前からすでに千里には、大規模な宅地開発によって生まれた「千里ニュータウン」があった。万博の開催決定後は万博関連事業として、交通網がそれこそ「モーレツ」なスピードで整備され、万博終了後はさらに宅地化と市街地化が進み、竹林で有名だった千里の自然は失われていった。そうした中で、万博記念公園は関係者の努力によって緑が生い茂る公園となった。中馬が跡地利用懇談会で「一〇〇万坪になれば、周囲が市街地化しても小鳥が群れて集まる自然を留めます」と述べたとおりになったといえよう。

公園が生まれて五十年、関係者は人工の森をいかに自然の森に近づけていくかということに不断の努力を重ねている。それは公園計画の基本理念に記された「我々の活動が瀕死に陥れた自然生態のいくつかを、人間の知恵と技術によって復活させ維持する」ための「長期の実験」であろう。

だがその一方で、この五十年、世界中で開発は進められ、地球環境問題は待ったなしの深刻な状況に陥っている。深刻な状況とは、都市化による緑の減少が日々の暮らしを息苦しくさせるという段階を超えて、地球環境そのものの維持が危ぶまれるところまで来たということである。それは世界中で「モーレツ」な開発が展開された結果ともいえるだろう。関も中馬も想像していなかったであろう段階に、私たちは来ている。

第五章

庭から変える地球の未来

イワクラの思想を取り戻す

地球温暖化を超えて地球沸騰化時代へ突入した現代。これまで人類が経験したことのない時代につくられるべき庭を展望する。

自然本位の庭に戻す

人間の活動が地球環境に及ぼす影響は、すでに六十年以上前から、レイチェル・カーソンの『沈黙の春』（一九六二）、ローマクラブの『成長の限界』（一九七二）などで指摘されてきた。しかし人間は抜本的な対応をせず、より豊かで利便性の高い生活を求め続け、地球温暖化が進行するに任せた。ますます加速する夏の暑さにあえいでいた令和五年（二〇二三）七月、世界の平均気温が観測史上最高となる見通しから、ついに国連事務総長は、温暖化を超えた「地球沸騰化の時代に入った」と警鐘を鳴らした。

令和の時代につくるべき庭とは。それは、庭の制作および維持管理の方法も含めて、すべてを自然本位にした庭である。本来、庭とは自然の美を引き出したものであり、その意味では「自然本位の庭」とは矛盾した言葉のように思われるかもしれない。だが、現代の庭は、池の底には防水シートやパイプが、蹲《つくばい》の下には水を通す塩化ビニール管がひそんでいる。一皮剝けばテクノロジーの力を借りた機械じかけの庭である。それをすべて自然本位に戻すのだ。

なぜそうするのかといえば、自然界に還元されない廃棄物を大量に出す現代の生活を自然本位に戻す範を、まず庭で示したいからである。有機栽培の食材ほど価格が高いように、現代のテクノロジーに頼らずに庭をつくるのは採算が合わないといわれるだろう。だが、そこを乗り越えなければ、庭の未来はない。

自然本位の庭は、京都に数多く残されている。代表的なものは桂離宮だ。江戸時代初めにつくられた桂離宮は、庭だけでなく建築も含めて自然素材であり、いわば自然素材による究極のラグジュアリーである。ブルーノ・タウトが「永遠なるもの」とそのすばらしさを称賛したのは、外観の美しさだけではないと思う。庭や建築の美しさが、自然そのものとつながっていることへの驚きと、ありがたさだったのではないだろうか。

「二重の破壊」の危機

令和に入ってもう一つの危機が顕在化し始めた。世界戦争の危機である。

令和四年（二〇二二）二月から始まったロシアによるウクライナ侵攻は、中国の覇権主義的行動や北朝鮮の度重なるミサイル発射などによって感じてきた「きなくささ」が現実化したことを痛感させた。さらに令和五年（二〇二三）十月からはパレスチナの武装組織ハマスがイスラエルへの攻撃をこれまでにない規模で開始、パレスチナ問題の根深さを改めて世界に知らしめた。

庭の中にあるものは、互いを殺すのではなく互いを引き立たせて、全体としてより美しく輝く。庭とは、すべてが輝く調和の世界である。日本でも戦乱が続いた時代があり、戦乱のあとには鎮魂の庭がつくられてきたのは本書で見てきたとおりである。令和の庭は、世界戦争の危機の中で、平和実現の願いを込めたものであってほしい。

米国のSF映画『続・猿の惑星』の中で、猿の博士ザイアスは「人間は悪だ。破壊以外何もできん脳なしだ」と叫ぶ。映画のラストでは、人間が残していた古い核爆弾が、過去から迷い込んだ宇宙飛行士の手によって発射される。その時のナレーションは戦慄的だ。

大宇宙の銀河系にある数えきれない天体の一つに中型の恒星がある。そのまわりを回っている星の一つ、緑豊かな、取るに足らない惑星が、今、消滅した。

宇宙飛行士が不時着した猿の惑星とは、人間が起こした核戦争で破壊されたあと、知能が発達した猿が支配している未来の地球だった。映画『猿の惑星』は一九六八年、『続・猿の惑星』は一九七〇年の公開だ。当時の世界は米ソ冷戦下にあり、核開発競争が繰り広げられていた。

映画がつくられてから五十年以上経過する中で冷戦は終わった。だが人間は地球環境を破壊し続け、その影響の一つとしてパンデミックが発生し、核開発と保有は止まらず、新たな世界戦争の危機の兆しが見え隠れする。そして国連事務総長による「地球沸騰化時代」宣言である。

猿の博士ザイアスが叫んだ「人間は破壊以外何もできん脳なし」の「破壊」とは、核戦争による地球の破壊の危機だった。だが今の世界が直面しているのは、核戦争による破壊の危機だけではない。現代の生活様式が、本当に地球そのものを破壊するかもしれないという危機だ。いわば「二重の破壊」の危機である。映画がつくられた五十年前よりも深刻な状況ではないだろうか。

日本人だからこそ、つくり出せる

日本人は、さまざまな地域特性と気候によって千変万化する日本列島という風土に鍛えられてきた。その風土の中で、戦乱を超えて美しい庭をつくってきた。そして日本は世界で唯一の被爆国だ。そんな日本人だからこそ、この「二重の破壊」の危機の時代にふさわしい庭をつくり出せるはずである。それは、破壊の危機を乗り越えた調和の世界を、力強く提示したものだ。

地球は、大宇宙から見れば消えてしまっても何の問題もない「取るに足らない惑星」だろう。だが貴重な「緑豊かな惑星」であることも確かだ。今、大国は競って宇宙開発を進めているが、それよりも、この地球を美しいまま子孫に残すことを最優先に考えるべきではないだろうか。

貴重な緑豊かな惑星、人間の生存にとってかけがえのない地球を営々とつくり続けてきたのは、自然という神である。太古の日本人がご神体である三輪山の山頂に、さらに奥津磐座をつくったのは、イワクラの存在によって、より強く神の存在を感じさせ、自然への畏敬の念を深めさせるためだったと思う。地球が存亡の危機にある今こそ、イワクラの思想を取り戻す時だ。

私の好きな庭

天授庵庭園　桔梗が咲く庭

南禅寺塔頭・天授庵の庭は、庭の本にはあまり紹介されていない。だがとても魅力的な庭である。

門から境内に入ると、菱形の切り石を使ったモダンな意匠の苑路が続く。右に曲がると、白砂と緑がまぶしい本堂前庭となる。苑路に添うように緑色の苔がしかれ、背の低い松が立つ。白砂の奥には苔地が広がり、苔地にはカエデの木が植えられ、カエデの陰には石がひそやかに伏せている。切り石と白砂の白、苔と松とカエデの緑、それから石の灰色というわずかな色で構成された庭である。

この魅力は何だろう。いらないものをサッと切り落としたような簡潔さ。松は小さく低く、石も立てずに伏せてあり、暑苦しい力の誇示がない。それでいて苔地の曲線は王朝の庭の州浜のように優雅で、切り石の苑路に添わせた苔の厚みは豊麗だ。簡潔と豊麗という、相反するものが絶妙に共存している。

天授庵　本堂前庭（著者撮影）

この庭の前を通り、切り石と自然石による凝ったデザインの苑路を抜けると、別世界が広がる。簡潔で豊麗な枯山水庭園から、野趣が残る池泉回遊式庭園へと一変するのである。

二つの異なる様式の庭があるのは、この寺の歴史に関わっている。天授庵は南北朝時代、南禅寺開山第一世・大明国師の開山塔として創建された。応仁の乱などで荒廃したが、安土桃山時代から江戸時代への端境期にあたる慶長七年（一六〇二）、戦国大名・細川幽斎の寄進によって再興された。当時の南禅寺住持および天授庵の庵主が、幽斎と懇意あるいは縁戚であった関係による。二つの庭は、創建時と再興時のそれぞれの時代につくられたということだろう。

そこで思うことがある。

天授庵が創建された南北朝時代とは、天皇家が二つに分裂した動乱の時代だった。ここから、日本中が戦乱に巻き込まれる乱世が始まった。一方、再興の一六〇二年とは、大名が東西に分かれて戦った関ケ原合戦の二年後である。翌一六〇三年、徳川家康が征夷大将軍に任命されて徳川幕府を開き、大坂冬の陣・夏の陣を経て、泰平の世が始まる。つまり天授庵には、乱世の始まりにつくられた庭と、終わりにつくられた庭が、奇しくも隣り合わせに存在しているのだ。

特に本堂前庭の絶妙な美しさには、文武両道に通じ当代きっての教養人とされた幽斎の、磨かれた美意識と、室町末期から信長・秀吉・家康の時代を生き延びたバランス感覚が表れてい

天授庵　書院南庭（著者撮影）

るように思う。

その本堂前庭の入口近くに、桔梗の花が咲いている。天授庵では夏から秋にかけて桔梗が咲き、禅寺にやさしい風情を添える。

桔梗といえば何を思い出すだろうか。桔梗とは、明智光秀の家紋である。幽斎と光秀の関係は長くて深い。ともに室町幕府の幕臣を経て信長に仕え、信長の命により幽斎の嫡男・忠興と光秀の娘・玉は結婚した。光秀は本能寺の変で信長を討ったあと、細川父子に味方につくよう求めたが、幽斎は剃髪し、忠興は髻《もとどり》を切り、求めに応じなかった。光秀の決起が「三日天下」といわれるほど短命に終わったのは、この細川家の対応が大きいともいわれる。

謀反人の家族は殺されるのが通例だが、忠興は玉を差し出さず、辺境の地に幽閉した。秀吉の治世となり大坂城が築かれ、玉は幽閉先から細川家の大坂屋敷に入れられ、大坂でキリスト教に入信した。何を思ってのことかはわからない。玉はガラシャという洗礼名を授けられ、侍女たちも相次いで入信したという。

時代はまた動いた。秀吉没後、大名たちが東西に分かれた関ケ原合戦の直前、石田三成側の西軍は、東軍についた大名の妻を人質にしようと、まず細川家の大坂屋敷へ向かった。忠興は家康の上杉征伐に同行して留守だった。留守中、敵方に下るなと厳命されていたガラシャは、自殺を禁じられたキリシタンであるため家臣の手にかかり絶命、大坂屋敷は炎上した。これが慶長五年（一六〇〇）七月十七日のことである。

次に西軍は幽斎が守る丹後田辺城へ向かった。ガラシャの死を聞いた幽斎は抗戦を決意し、籠城を始めた。幽斎は三月から後陽成天皇の弟、八条宮智仁親王へ、和歌の秘伝を伝える「古今伝授」を始めていた。このまま幽斎が討ち死にすれば和歌の伝統が途絶えることを憂えた親王は、幽斎に講和を結ぶよう求めたが、幽斎は二度にわたって応じなかった。親王は兄の天皇に依頼して、ついに勅命による講和を結ばせた。関ケ原合戦の三日前だった。

ガラシャの死は東軍の士気を鼓舞し、勇猛をもって聞こえた忠興はなおさら奮闘し、忠興率いる細川隊は百三十六もの首級をあげたという。合戦は東軍の勝利に終わり、論功行賞で細川家の石高は大幅に加増され、大藩として幕末まで生き延びる基盤となった。

合戦の翌年、幽斎の妻でガラシャの姑である麝香《じゃこう》は洗礼を受けた。洗礼名をマリアという。受洗はガラシャの死の影響であるといわれている。

幽斎が天授庵の再興を成したのは、以上のような細川家存亡の危機を乗り越えたあとだった。天授庵の桔梗が、いつ誰によって植えられたかは知らない。幽斎やマリアではないかもしれない。そうだとしても、父・光秀を見殺しにされながらも、婚家の細川家の名誉を守るために命をなげうったガラシャを、幽斎やマリアが秘かに偲んでいるような気がするのである。

「私たちはあなたを忘れない」と。

桔梗が咲く庭は、厚い苔と切り石の苑路を経て、幽斎とマリアの墓所へ通じている。

正伝寺庭園　デヴィッド・ボウイが涙した庭

京都洛北の寺、正伝寺の庭を知ったのは立原正秋の小説『去年《こぞ》の梅』によってであった。『日本の庭』という著書もある立原が、主人公の男女に京都の庭をめぐらせている。正伝寺はその中で、男が女の実相をとらえる契機を与える庭として登場する。『日本の庭』では、序文で正伝寺の庭が紹介されている。

解釈を強要しないし、またこちらがどのように解釈してもよい、そんな庭で、眺めている方が妙に安堵できるつくりである。安堵できるのは、そこに乾いたあかるさが寄与しているからだろう。

（立原正秋『日本の庭』より）

立原の文章を読んで、まだ見ぬ正伝寺の庭への憧れが強くなっていった。その憧れをさらに強めたのは、英国のロック・スター、デヴィッド・ボウイがこの庭を見て涙したという逸話だった。私は中学生の頃からボウイのファンだった。

ボウイは一九七九年、京都の酒造会社のテレビＣＭに起用され、自らロケ地として正伝寺を

正伝寺の庭（著者撮影）

指定した。彼を捉えたこの庭の魅力は何だったのだろうか。

　私が初めて正伝寺へ行ったのは冬の晴れた日だった。庭は予想を超えて美しかった。白砂は冬の日に輝き、刈込みは冬なので暗い色だったが形は丸く、愛らしささえ感じた。それでいて、この形と配置以外あり得ないというような、有無を言わさぬ風格があった。

　そして庭そのものは小さいのに、比叡山を借景にして空間が塀を越え、比叡山にとどまらず空の彼方へと無辺に広がっていた。

　だがそのあと、衝撃的な発見が待っていた。頭上をふと見上げると、庭に面した廊下の天井には茶色のシミのようなものがたくさんついていた。それは血痕だった。正伝寺の天井は血天《ちてん》井《じょう》だったのだ。立原正秋の文章もデヴィッド・ボウイの逸話も、それには一切触れていなかった。正伝寺の血天井は、有名な養源院のそれと同じ、伏見城の遺構だった。それを知った時、この小さくとも広大無辺の庭が、別の意味を持って迫ってきた。

　関ケ原合戦の直前、徳川家康が上杉征伐に向かう間に起きた伏見城の戦いで、籠城した城代の鳥居元忠ら三百八十余名が城内で自刃して果てた。その時の血がしみついたものだという。

　同じく血天井がある養源院には、俵屋宗達が描いた白象、唐獅子、麒麟の杉戸絵がある。白

正伝寺の庭（著者撮影）

刃した武士たちの供養のため、仏教にちなんだ霊獣が選ばれたという。大胆にデフォルメされた霊獣たちは躍動感に満ち、杉戸からはみ出しそうな勢いである。ここでも霊獣たちのフォルムは丸い。丸くておおらかで闊達だ。

自刃した武士たちを慰めるための美が、こんなに生き生きと明るいのはなぜだろう。そこでこんな疑問が湧いてくる。彼らの死は果たして、「非業の死」だったのか。

彼らの主君、家康は、平安時代に延暦寺の僧、源信が唱えた「厭離穢土、欣求浄土」を旗印に戦国の世を渡ってきた。家康がこの言葉に込めた思いは、死後に極楽浄土に生まれかわることではなく、戦いの絶えない乱世を「穢土」、戦いのない泰平の世を「浄土」と捉え、乱世を終わらせて泰平の世にしたいということだろう。そのための天下統一の途上で、鳥居元忠らは伏見城で西軍四万の軍勢を千八百で迎え撃った。絵に描いたような多勢に無勢の戦いに、すぐに城は落ちると思われたが、彼らの奮戦により戦いは十日以上におよび、以後の戦局に影響を与えたという。

彼らはここで命の限り、戦った。それは命を犠牲にしたのではなく、命を生かしきったということではないだろうか。だから宗達は、杉戸からはみ出さんばかりに躍動する霊獣を描いたのだと思う。躍動とは命の輝きである。それを描くことで、泰平の世の実現のために最大限に命を輝かせた彼らを讃えたのではないか。

そして、同じ血天井がある正伝寺の庭は、広大無辺のおおらかさで、彼らの魂をねぎらっているのではないか。「よくやった」と。

その庭を見て涙した、一九四七年英国生まれのロック・スター、デヴィッド・ボウイとは、どんな人物だったのだろうか。

ボウイはロンドンの労働者階級が住む区域に生まれた。母親は冷淡で、息子を愛さなかった。母親にキスされたり抱きしめられたりしたことがなかったという。学校では、左利きのボウイを矯正しようとする教師、左利きというだけで仲間外れにする同級生らがいた。「自分は他人とは違う」という孤独感と、「お前らよりいい人生を歩んでやる」という負けん気が、少年の心に植えつけられた。十三歳の時、ケンカで殴られて片目がほとんど見えなくなり、さらに左右で目の色が変わってしまった。自分を除け者か日陰者のように感じた彼は、次第に社会の弱者に共感するようになった。読書と音楽を愛する少年は自ら曲をつくり、ロック・スターになることを目指し始めた。

すぐにはヒット曲に恵まれなかったが一九六九年発表の『スペース・オディティ』がヒットチャート五位を獲得、『ジギー・スターダスト』発表後は宇宙から来た異星人ジギー・スターダストに自らをなぞらえ、奇抜なメイクとファッションで英国を席巻した。

二十代初めで英国での成功を手にしたボウイは米国へ進出、ここでも成功し、華麗な交遊関係を繰り広げたが、待っていたのは薬物中毒の世界だった。さらには奔放な性生活、最初の妻との不仲、信頼していたマネージャーの裏切りなど、ボウイを取り巻く状況は混乱していた。のちにボウイはこの頃を「最悪の時期の一つ」と回顧する。

薬漬けの生活から抜け出すため、ボウイは一九七〇年代の後半ベルリンに移り住み、イメージを一新させてベルリン三部作と呼ばれる三枚のアルバムを出した。この時期にベルリンの壁を題材にした名曲『ヒーローズ』が生まれている。

正伝寺の庭に涙したのは、そんな一切合切を経験してきたあとだった。といってもまだ三十二歳である。血天井の由来をボウイが知っていたかどうかはわからない。わかっているのは、体と心を痛めつけながらもアーティストであり続け、自らの芸術を世に送り出そうとしてきた青年が、この庭に涙したということだ。その青年に、庭を通して、広大無辺の宇宙はこういったのではないだろうか。「よくここまで来た」と。ここまでの人生を、すべて受け止めてくれたのではないか。

思えば、彼の初期の代表作は『スペース・オディティ』だった。曲の最後、宇宙空間に投げ出された宇宙飛行士トム少佐は、管制塔に向かってこう語る。

Planet Earth is blue
And there's nothing I can do

惑星　地球ハ青イ
僕ニデキルコトハ　何モナイ

孤独な少年の頃から、彼の視線は広大無辺の宇宙に向けられていたのだと思う。

黄梅院直中庭　秀吉と利休　美の果実

京都・大徳寺の境内には独特の緊張感がある。禅僧が日々修行に励む場であるということはもちろんだが、他の禅寺とは違う緊張感は、この禅寺が戦国武将と深く関わってきたことによるものだと思う。

たとえば、総見院は織田信長の菩提を弔うために豊臣秀吉が建立した塔頭であり、高桐院は細川忠興が、三玄院は石田三成ら三人の武将が、瑞峯院は大友宗麟が、というように、名だたる武将の名が次々とあがる。

しかし、緊張感の由来はそれだけではないと思う。

おそらくこの緊張感の根源は、大徳寺三門の修造寄進を行った千利休が、大徳寺住持に請われて三門に自らの木像を置いたことで秀吉の怒りを買い、利休切腹の理由の一つとなったことだろう。秀吉の茶頭であり、武将たちの茶の師匠であり、豊臣政権の政治顧問のような立場にあった利休の、その謎めいた死に関わった場所としての緊張感である。

すなわちここは、戦国武将ゆかりの塔頭が集まっているというだけではなく、政治の現場であった。それも血で血を洗う政治が行われていた時代の現場であった。血の政治の時代の緊張感が、ここには残っているように思われる。三門「金毛閣」のあたりを歩いていると、甲冑を身につけた武将たちが、目の前を横切っていくさまが見えるような気がする時がある。

その秀吉と利休が、ともに関わった塔頭がある。大徳寺南門のそばに建つ黄梅院《おうばいいん》である。創建は天文二十年（一五五二）、織田信長が父・信秀の追善菩提のために普請を行ったことに始まる。創建当時は「黄梅庵」といった。信長が本能寺の変で没したあと、その後継者を自任する秀吉がここで密葬を行ったが、信長の塔所としては小さいとして、別に総見院が建立された。天正十四年（一五八六）、秀吉によって本堂と唐門が改築され、天正十七年（一五八九）には小早川隆景を普請奉行として鐘楼・客殿・庫裏などが改築落慶され、この年に「黄梅院」と名称が改められた。

その黄梅院に、利休六十六歳の時に作庭したと伝わる庭「直中庭《じきちゅうてい》」がある。利休六十六歳とは天正十五年（一五八七）のことで、秀吉によって本堂と唐門が改築された翌年に当たる。この年は、九月に聚楽第が完成して秀吉が入り、利休も聚楽第の中に屋敷を構えた。十月には北野大茶湯が開かれている。

私が初めて黄梅院を訪れたのは紅葉の季節だった。入口から境内に足を踏み入れると、外からは想像できなかった世界が広がっていた。とても広かったのである。直前まで小雨が降っていたので、雨に洗われた紅葉と、濡れた石畳がなまめかしかった。そして一面の苔だった。この最初の一歩で、すっかり心を奪われた。

続いて回廊を通り抜けると「直中庭」が現れる。ふたたび一面の苔である。その上に紅葉が散りしき、苔の緑と紅葉の赤のあざやかさに心が躍った。

庭の手前には、秀吉の旗印である千成びょうたんにちなんで、ひょうたん型の池が掘られていた。秀吉の希望だったという。池のかたわらには加藤清正伝承の朝鮮灯籠がある。

さらに、庭の正面には不動明王、矜羯羅《こんがら》童子、制吒迦《せいたか》童子を表した三尊石が据えられ、その前には礼拝石がある。

このようにさまざまな要素が入っているのだが、散漫になっていない。それは作庭当時の秀吉と利休が、政治面でも文化面でも蜜月の時期にあったからではないだろうか。直中庭は、秀吉の派手好みと利休の透徹した美意識が結びついた、美の果実ではないかと思う。

この四年後、秀吉は利休に切腹を命じた。利休は大坂城や聚楽第にも庭をつくったが、大坂城は徳川幕府に破却され、聚楽第はそれよりも前に秀吉自身が破却した。直中庭はその意味でも貴重なものだ。

直中庭を含めて黄梅院を改修されたのが、現住職の小林太玄老師である。創建の由来が語るとおり、大名が檀家を務める「大名寺《だいみょうでら》」であった黄梅院は、明治維新によって武家社会が崩壊して大名がいなくなり、荒廃した。老師は昭和五十年（一九七五）に黄梅院住職に就かれて以来、約四百年ぶりとなる改修に取り組まれた。黄梅院は直中庭の他にも、白川砂と苔の対比があざやかな「破頭庭《はとうてい》」など六つの庭、七つの茶室をそなえ、豊かな広がりを見せている。

黄梅院はこのように豊かで華やかでありながら、全体として均衡が取れている。それはやはり、秀吉と利休のそれぞれの個性が生きているからではないかと思う。寺が本来持っていた個性を捉えた上で、改修が行われたからこその充実ではないだろうか。

そしてここには、大徳寺境内に漂う独特の緊張感はない。ここにあるのは、人も花も木もそれぞれの個性を生かして豊かに華やかに生きることの喜びだ。それこそが庭の本質であり、同時にまた人生の本質ではないだろうか。一歩この寺に入った瞬間、多くの人がそれを感じることだろう。

黄梅院　直中庭　（許可を得て著者撮影）

あとがき

私の人生を変えた庭がある。

その庭を見たのは平成二十一年（二〇〇九）の暮れだった。当時の私は勤め人をしながら作家になりたいという夢を持っていた。ブログに「何か美しいもの」を見た感想をつづりながら、しかし、私の眼は「何か美しいもの」の本質を正確に捉えているだろうか、途方もない夢は捨てて仕事に励むべきではないのかと、心に迷いを抱えながら生きていた。

その頃に出合ったのが、旧秀隣寺庭園だった。たまたま読んだエッセイでその存在を知り、何気ない気持ちで見にいった庭に、心臓を突かれるような衝撃を受けた。次の瞬間、庭の本で見ただけの北畠氏館跡庭園の写真が、映画のフラッシュバックのように頭をかすめた。その時は理由がわからず、庭から受けた衝撃と、庭の説明板（当時）に書かれていた「細川高国」という名前を心に刻んで、庭をあとにした。

翌日、自宅で庭の本を読んでいた時、その北畠氏館跡庭園の写真が現れた。写真の説明を読んだ瞬間、昨日に続いて二度目の衝撃が私を襲った。

「細川高国が作者としてあげられる」。細川高国。何の予備知識もなく見た庭と、写真で見ただけの庭をつくった作者は、同じだった。

「私は自分の眼を信じていい」

作家を目指していいのかという迷いは、この時、吹っ飛んだ。


令和二年（二〇二〇）十月末、三十年近く勤めた大阪の研究所を退職した。旧秀隣寺庭園を訪れてから十年が経っていた。退職の意向を周囲に伝えると「どうやって食べていくのか」などと言われたが、やりたいこともせずに生活のためだけに働くのは死んでいるのと一緒である。といっても、決心するまでに十年かかったが。

退職後、まず日本庭園の歴史の本を書こうと、大阪から京都に移住した。家族との約束で二年限定である。京都では「庭師の方にお話を聞きたい」と思っていた。しかし何の伝手もない。それが、たまたま行った美容鍼灸サロンで「庭の本を書くために京都に来ました」というと、「知り合いに庭師がいます。紹介しましょうか？」と、信じられない言葉が返ってきた。そこから、庭師をはじめ造園にたずさわる方々、僧侶の方々、そして細川高国の肖像画がある寺のご住職にもお話を聞くことができた。「一見さんお断り」というイメージのある京都だが、お会いした方々は、（紹介者は確かにいたが）どこの馬の骨ともわからない初対面の人間と、一時間も二時間もお話をしてくださった。しかもコロナ禍の真っ只中である。ありがたさに胸がつまった。

ありがたいご縁に恵まれた京都ではあったが、締め切りのない原稿執筆は遅々として進まず、京都にいる二年の間に完成させることはできなかった。大阪に戻る時、お世話になった某信用金庫の担当者や近所のカフェのマスターにお別れの挨拶をすると、「本、書けたんですか？」とそろって聞かれた。「いえ、まだです」とバツの悪い思いをしながら答えた。そこで大阪に戻ってからは、執筆完了日を決めた。何月中旬というあいまいなものではなく、何月何日と決めた。すると、それに合わせて行動できるようになり、何とか原稿を書き上げることができた。

次は出版だ。商業出版が望ましいが初めて本を出す者にそれは白昼夢のようなものである。「自費出版で行こう」と決めた時、新潮社の自費出版のページが検索エンジンに引っかかった。そこからはあっという間に契約締結まで進んでいった。中学生の頃から、新潮文庫のオレンジ色の背表紙の三島由紀夫の著作に親しんできた者にとって、自費出版とはいえ、あこがれの出版社とのやり取りは現実でありながら夢のような時間だった。

続いて私が望んだのは、本書で取り上げた人物や庭、石について、その関係者に原稿を読んでいただくことだった。事実関係に間違いがあってはいけないという思いからである。京都での取材と違って、紹介者は（ほぼ）いない。依頼を受ける側からすれば、それこそ「どこの馬の骨ともわからない」人間からの依頼である。しかしここでも、ほとんどの方が依頼に応えてくださった。心より感謝申し上げます。

最後に書いておきたいことがある。それは、本当の情熱を持って行動すれば、人は応えてくれるということだ。会社の方針だから、上司に言われたからということではなく、自分自身の本当の情熱があれば、口に出す言葉にも書く言葉にも力が宿る。それが人を動かすのだと思う。本書を書いた動機は、日本の庭の歴史をたどることによって、自然への畏敬の念を復活させたいと願ってのことだが、勤め人をしながら「本当はこれをやりたい」という情熱を秘めている人たちに、一歩踏み出す勇気を与えることができれば幸いである。

令和六年十一月　　眞鍋　綾

参考文献等

◇本書全体にわたる参考文献等
吉川　需編『日本の美術　第61号　枯山水の庭』至文堂　一九七一年
立原正秋『日本の庭』新潮社　一九七七年
森　蘊『「作庭記」の世界　平安朝の庭園美』ＮＨＫブックス　一九八六年
野田正彰『庭園に死す』春秋社　一九九四年
円地文子編『日本の名随筆６　庭』作品社　一九八三年
伊藤俊太郎編『日本人の自然観　縄文から現代科学まで』河出書房新社　一九九五年
本中　眞『日本の美術　第３７２号　借景』至文堂　一九九七年
辻　惟雄『日本美術の歴史』東京大学出版会　二〇〇五年
岡田憲久『日本の庭ことはじめ』ＴＯＴＯ出版　二〇〇八年
高田宏臣『土中環境　忘れられた共生のまなざし、蘇る古の技』建築資料研究社　二〇二〇年

◇各章の参考文献等
第一章　イワクラ　神々が宿るところ
・大神神社　奥津磐座　永遠のモダンの源
三島由紀夫『奔馬　豊饒の海・第二巻』新潮文庫　一九七七年
三好和義・岡野弘彦他『日本の古社　大神神社』淡交社　二〇〇四年

・神倉神社　天ノ磐盾　神々が降り立った巨石
伊藤ていじ他『探訪日本の庭4　近畿』小学館　一九七九年
・出雲・稲佐の浜の弁天島　神々が寄り来る岩山
「出雲大社の『神在祭』」『家庭画報』二〇二〇年十月号　世界文化社
・越木岩神社　甑岩　人間の末路を伝える岩
越木岩神社ウェブサイト

第二章　イワクラの思想の継承者たち
・夢窓疎石　自然と一体となった禅僧
川端康成『美しさと哀しみと』中公文庫　一九七三年
立原正秋『去年の梅』新潮文庫　一九七九年
夢窓国師（校注・現代語訳　川瀬一馬）『夢中問答集』講談社学術文庫　二〇〇〇年
熊倉功夫・竹貫元勝編『夢窓疎石』春秋社　二〇一二年
・雪舟　岩に魅せられた画僧
松本清張『小説日本芸譚』新潮文庫　二〇〇八年改版
山下裕二編・監修『雪舟はどう語られてきたか』平凡社ライブラリー424　二〇〇二年

島尾　新『アート・ビギナーズ・コレクション　もっと知りたい　雪舟　生涯と作品』東京美術　二〇一二年
島尾　新・山下裕二監修・執筆『別冊太陽　日本のこころ278　雪舟決定版　生誕六〇〇年』平凡社　二〇二〇年

・細川高国　荒魂の庭をつくった武将

塙保己一編纂『群書類従・第二十輯　合戦部』続群書類従完成会　一九五九年訂正三版
辻　惟雄編『日本の美術　第121号　洛中洛外図』至文堂　一九七六年
鶴崎裕雄「管領細川高国の哀歌」『日本史研究叢刊2　戦国期公家社会の諸様相』和泉書院　一九九二年
森田恭二『日本史研究叢刊5　戦国期歴代細川氏の研究』和泉書院　一九九四年
京都国立博物館編集・発行『特別展覧会　室町時代の狩野派―画壇制覇への道―』一九九六年
宮島新一『ミネルヴァ日本評伝選　長谷川等伯　真にそれぞれの様を写すべし』ミネルヴァ書房　二〇〇三年
澁澤龍彦他『澁澤龍彦の古寺巡礼』平凡社　二〇〇六年
山田邦明『全集　日本の歴史　第8巻　戦国の活力』小学館　二〇〇八年
小島道裕『描かれた戦国の京都　洛中洛外図屏風を読む』吉川弘文館　二〇〇九年
大髙保二郎『ベラスケス　宮廷のなかの革命者』岩波新書　二〇一八年
天野忠幸『三好一族――戦国最初の「天下人」』中公新書　二〇二一年

・龍安寺石庭の作者　宇宙の真理を作庭した人

兵庫県立美術館他編集『ジョルジョ・モランディ　終わりなき変奏』東京新聞　二〇一五年
白山眞理「美の十選　1930年代　日本の風景写真（2）福原信三『ヘルン旧居《松江風景》より』」日本経済新聞二〇二二年五月十九日朝刊

・後水尾院　国見の庭をつくった帝王
熊倉功夫『後水尾天皇』中公文庫　二〇一〇年
修学院離宮パンフレット

・イサム・ノグチ　石に抱かれた魂
ドウス昌代『イサム・ノグチ　宿命の越境者（上）』講談社文庫　二〇〇三年
イサム・ノグチ日本財団他企画・編集・発行『ISAMU　NOGUCHI　イサム・ノグチ庭園美術館』求龍堂　二〇一六年
新見　隆『イサム・ノグチ　庭の芸術への旅』武蔵野美術大学出版局　二〇一八年

・安藤忠雄　現代のイワクラ
平松　剛『光の教会　安藤忠雄の現場』建築資料研究社　二〇〇〇年
安藤忠雄『安藤忠雄の建築　0　Tadao　Ando　0　Process　and　Idea』TO
TO出版　二〇一〇年
東京大学ウェブサイト

第三章　美の世界の主宰者たち
・銀閣寺庭園　足利義政　乱世の中の「美の繭」
山崎正和『室町記』朝日選書　一九七六年
桜井英治『日本の歴史12　室町人の精神』講談社学術文庫　二〇〇九年
銀閣寺ウェブサイト

・桂離宮　八条宮智仁親王　揺るぎない美の規範
ブルーノ・タウト著、篠田英雄訳「永遠なるもの――桂離宮」『日本美の再発見』（増補改訳版）岩波新書　一九六二年
林屋辰三郎『京都』岩波新書　一九六二年
熊倉功夫「桂離宮――その作者と時代――」『桂離宮――空間と形』岩波書店　一九八三年

・四君子苑　北村謹次郎　美の桃源郷
北村謹次郎「四君子苑の茶室と庭」『京・四季の茶事』主婦の友社　一九九〇年
杉本博司「杉本博司が案内する　おさらい京都の名建築」Ｃａｓａ　ＢＲＵＴＵＳ特別編集『京都シティガイド』マガジンハウス　二〇二一年
四君子苑パンフレット

・京都迎賓館　京都の、京都による、京都のための美の殿堂
迎賓館京都事務所監修『京都迎賓館　現代和風と京の匠の調和』淡交社　二〇〇六年

公共建築協会『京都迎賓館　ものづくりものがたり』日刊建設通信新聞社　二〇〇五年
「特集　京都迎賓館にみる現代和風の粋」『茶道雑誌』第八十巻第二号　河原書店　二〇一六年
日建設計ウェブサイト

第四章　時代を映す石と庭
・石舞台古墳　豪族蘇我氏の威圧感
山岸凉子『日出処の天子』白泉社　一九八〇～八四年
吉村武彦『蘇我氏の古代』岩波新書　二〇一五年

・平等院庭園　極楽いぶかしくば
保田與重郎『日本の美とこころ』読売新聞社　一九七〇年
中村　元『往生要集』岩波書店　一九八三年
北山茂夫『藤原道長』岩波書店　一九九五年
白洲正子「平等院のあけぼの」『私の古寺巡礼』講談社文芸文庫　二〇〇〇年
神居文彰他編集『平等院鳳翔館』平等院　二〇二〇年改訂版

・毛越寺庭園　まつろわぬ人々の誇り
高橋　崇『蝦夷　古代東北人の歴史』中公新書　一九八六年
高橋　崇『蝦夷の末裔　前九年・後三年の役の実像』中公新書　一九九一年
高橋　崇『奥州藤原氏　平泉の栄華百年』中公新書　二〇〇二年

佐々木邦世編集『平泉　浄土をあらわす文化遺産の全容』川嶋印刷　二〇〇九年
菅野成寛「『中尊寺供養願文』と藤原敦光―願文の真贋―」『岩手大学平泉文化研究センター年報』二〇二一年
毛越寺パンフレット

・天龍寺曹源池庭園　天皇の菩提を弔う
柳田聖山『日本の禅語録　第七巻　夢窓』講談社　一九七七年
丸谷才一・山崎正和『日本史を読む』中央公論社　一九九八年
夢窓国師（校注・現代語訳　川瀬一馬）『夢中問答集』（前出）
佐々木容道『夢窓国師――その漢詩と生涯』春秋社　二〇〇九年
熊倉功夫・竹貫元勝編『夢窓疎石』（前出）
森　茂暁『南朝全史　大覚寺統から後南朝へ』講談社学術文庫　二〇二〇年
天龍寺パンフレット

・金閣寺庭園　絶対王者の黄金世界
三島由紀夫『金閣寺』新潮文庫　一九六〇年
桜井英治『日本の歴史12　室町人の精神』（前出）
桃崎有一郎『室町の覇者　足利義満』ちくま新書　二〇二〇年
早島大祐『室町幕府論』講談社学術文庫　二〇二三年
冨井正憲「折衷の美―金閣―」『神奈川大学工学研究所　所報』第二十七号　二〇〇四年

・大阪城石垣　泰平の世の礎
新修大阪市史編纂委員会編『新修大阪市史　第3巻　近世Ⅰ』大阪市　一九八九年
山田邦明『全集　日本の歴史　第8巻　戦国の活力』（前出）
千田嘉博他『奈良大ブックレット05　城から見た信長』ナカニシヤ出版　二〇一五年
中村博司『大坂城全史——歴史と構造の謎を解く』ちくま新書　二〇一八年
千田嘉博『城郭考古学の冒険』幻冬舎新書　二〇二一年

・栗林公園　緑の浄土
梅原　猛『空海の思想について』講談社学術文庫　一九八〇年
『別冊太陽　日本のこころ２０４　大名庭園　武家の美意識ここにあり』平凡社　二〇一三年
栗林公園パンフレット

・平安神宮神苑　京都市民のために
鈴木博之『庭師　小川治兵衛とその時代』東京大学出版会　二〇一三年
尼崎博正『ミネルヴァ日本評伝選　七代目小川治兵衛　山紫水明の都にかへさねば』ミネルヴァ書房　二〇一二年
「住友春翠」編纂委員會編纂発行『住友春翠』一九五五年
谷崎潤一郎『細雪（上）』新潮文庫　二〇一一年改版

・慶沢園　大阪の豪気

鈴木博之『庭師　小川治兵衛とその時代』東京大学出版会（前出）
尼崎博正『ミネルヴァ日本評伝選　七代目小川治兵衛　山紫水明の都にかへさねば』（前出）
「住友春翠」編纂委員會編纂発行『住友春翠』（前出）

・万博記念公園「モーレツ」の先の未来
黒田隆幸『月の石——都市復権にかけた中馬馨　命の軌跡』上巻・下巻　同友館　二〇〇一年
新修大阪市史編纂委員会編『新修大阪市史　第9巻　現代Ⅱ』大阪市　一九九五年
吉村元男『大阪万博が日本の都市を変えた　工業文明の功罪と「輝く森」の誕生』ミネルヴァ書房
二〇一八年
關一「都市の緑化」『大大阪』第四巻第一号　大阪都市協会　一九二八年
永橋為介「大阪市における都市社会問題からみえる1920年代公園論の位相」『ランドスケープ研究』60巻5号　日本造園学会　一九九七年
千原　裕「日本万国博覧会記念公園の40年間にわたる自然再生の取組み　自立した森づくり」『建設機械施工』2月号　日本建設機械施工協会　二〇一六年
日本万国博覧会記念協会他『万国博覧会記念公園基本計画報告書〈計画編〉』日本万国博覧会記念協会　一九七二年
万博記念公園ウェブサイト

第五章　庭から変える地球の未来　イワクラの思想を取り戻す
フランクリン・J・シャフナー監督　映画『猿の惑星』20世紀フォックス　一九六八年

テッド・ポスト監督　映画『続・猿の惑星』20世紀フォックス　一九七〇年

私の好きな庭

・天授庵庭園　桔梗が咲く庭

井上章一他『明智光秀と細川ガラシャ　戦国を生きた父娘の虚像と実像』筑摩選書　二〇二〇年

山田貴司『ガラシャ　つくられた「戦国のヒロイン」像』平凡社　二〇二一年

小髙道子「三条西家の古典学―古今伝受と源氏伝受―」『年報』第39号　実践女子大学文芸資料研究所　二〇二〇年

天授庵パンフレット

・正伝寺庭園　デヴィッド・ボウイが涙した庭

立原正秋『去年の梅』新潮文庫（前出）

デビッド・ボウイ著、北沢杏里訳『オディティ　デビッド・ボウイ詩集』シンコー・ミュージック　一九八五年

ウェンディ・リー著、江上　泉訳『デヴィッド・ボウイ――気高きアーティストの軌跡』ヤマハミュージックメディア　二〇一七年

正伝寺パンフレット

・黄梅院直中庭　秀吉と利休　美の果実

黄梅院パンフレット

眞鍋　綾（まなべ・あや）
大阪市生まれ。京都女子大学卒業。在阪の研究所に勤めながら作家になりたいという夢を抱いていた頃、戦国武将・細川高国の作と伝わる庭を見て衝撃を受け、庭の本の執筆を決意。令和二年秋に約三十年勤めた研究所を退職、大阪から京都へ移住、僧侶や造園関係者への取材と執筆を開始する。二年後に大阪に戻り執筆に専念、令和六年秋、本書の出版に至る。

庭《にわ》から変《か》える地球《ちきゅう》の未来《みらい》
イワクラの思想《しそう》を取《と》り戻《もど》す

著者
眞鍋《まなべ》 綾《あや》

発行日
2024年11月1日

発行　株式会社新潮社図書編集室
発売　株式会社新潮社
〒162-8711 東京都新宿区矢来町71
電話 03-3266-7124（図書編集室）

組版　森杉昌之
印刷所　錦明印刷株式会社
製本所　加藤製本株式会社

ISBN978-4-10-910289-6 C0095
価格はカバーに表示してあります。